Jochen Schmidt

Jahreszeitliches Basteln und Gestalten – Frühling

36 Projekte für den inklusiven Unterricht – Anleitungen, Vorlagen und Hinweise zur Umsetzung

Der Autor

Jochen Schmidt hat bereits zahlreiche Unterrichtsmaterialien
für die Grundschule veröffentlicht.

Gedruckt auf umweltbewusst gefertigtem, chlorfrei gebleichtem und alterungsbeständigem Papier.

© 2014 Persen Verlag, Hamburg
AAP Lehrerfachverlage GmbH
Alle Rechte vorbehalten.

Das Werk als Ganzes sowie in seinen Teilen unterliegt dem deutschen Urheberrecht. Der Erwerber des Werkes ist berechtigt, das Werk als Ganzes oder in seinen Teilen für den eigenen Gebrauch und den Einsatz im Unterricht zu nutzen. Die Nutzung ist nur für den genannten Zweck gestattet, nicht jedoch für einen weiteren kommerziellen Gebrauch, für die Weiterleitung an Dritte oder für die Veröffentlichung im Internet oder in Intranets. Eine über den genannten Zweck hinausgehende Nutzung bedarf in jedem Fall der vorherigen schriftlichen Zustimmung des Verlages.

Sind Internetadressen in diesem Werk angegeben, wurden diese vom Verlag sorgfältig geprüft. Da wir auf die externen Seiten weder inhaltliche noch gestalterische Einflussmöglichkeiten haben, können wir nicht garantieren, dass die Inhalte zu einem späteren Zeitpunkt noch dieselben sind wie zum Zeitpunkt der Drucklegung. Der Persen Verlag übernimmt deshalb keine Gewähr für die Aktualität und den Inhalt dieser Internetseiten oder solcher, die mit ihnen verlinkt sind, und schließt jegliche Haftung aus.

Grafik: Marion El-Khalafawi
Fotos: © Persen Verlag
Satz: Satzpunkt Ursula Ewert GmbH, Bayreuth

ISBN: 978-3-403-23390-9

www.persen.de

Inhaltsverzeichnis

Einleitung/Hinweise zum Umgang mit dem Material 4

Kreatives Gestalten – Malen, Basteln, Zeichnen, Schneiden, Nähen, Kleben

- Ein Vogelnest „bauen" 8
- Frühlingsschaukasten 10
- „Frühjahrsputz" – ein unordentliches Zimmer „aufräumen" 12
- Die Sonderbriefmarke – eine „Frühlingsgefühle"-Collage 14
- Schmetterlinge am Fenster 16
- Auf der Schafswiese 18
- „In den Horizont fahren" – ein Frühlingsausflug 21
- Ein Laubbaum im Frühling 25
- Die neue Frühjahrskollektion 29

Kreatives Gestalten – Objektdesign

- Nach einem April-Schauer 32
- „Ich seh' da was durchs Schlüsselloch!" 34
- „Echt schick! Meine neue Frühjahrsbrille" 36
- Filzpiratin und Filzpirat 38
- Mein Bucheinband 40
- Lustige Eierköppe! 42
- Blumenmobile im Regen 44
- Osterhasentanz 46
- Korkenschiffe auf großer Fahrt 48
- Fotobox für Objektfotografie 50
- Fischen am Teich 53
- Vögel am Fenster 56
- „Flatterhaftes" Namensschild 59
- Mein eigener Stempel 62
- „Frühlingsgefühle": Fühlkarten und Fühlbeutel 65
- Aprilwetter 67
- Leuchtendes Osterei 70
- „Mein dicker, fetter Glückskäfer" 74

Grußkarten

- Raupenkarte 78
- Ostereier-Einladungskarte 80
- Frühlingshafte Blumenkarte 82
- Marienkäferkarte 86

Fantasievolle Weitermalbilder 90

- „Unter der Erde, da ist was los!" 91
- Mein Traumbaumhaus 92
- Blumenwiese im Frühling 93
- „Was wächst da aus dem alten Schuh?" 94
- „Was zupft denn da?" 95

Projekt-Ergebnisse

- Fotos 96

Inhaltsübersicht CD

Bildkarten der Arbeitsmaterialien in DIN A6

Bastelanleitungen folgender Projekte als bearbeitbare Word-Dateien:

- „Auf der Schafswiese"
- „In den Horizont fahren – ein Frühlingsausflug"
- Ein Laubbaum im Frühling
- Die neue Frühjahrskollektion
- Mein eigener Stempel
- „Frühlingsgefühle": Fühlkarten
- Aprilwetter
- Frühlingshafte Blumenkarte
- Marienkäferkarte
- Leuchtendes Osterei
- „Mein dicker, fetter Glückskäfer"

Einleitung / Hinweise zum Umgang mit dem Material

Liebe Kolleginnen und Kollegen,

als Lehrkraft im Bereich Kunst und textiles Gestalten sind wir immer auf der Suche nach neuen kreativen Ideen und gestalterischen Konzepten für den eigenen Unterricht. Wir möchten in erster Linie unsere Schüler[1] zu ästhetischer Wahrnehmung und Bildung, zum explorativen Erkunden von Werkstoffen und dem Zusammenspiel von Werkzeug und Objekt, und nicht zuletzt zu kreativem Handeln und Produzieren anregen und ihre Kompetenzen und Fähigkeiten in diesen Bereichen fördern. Wir möchten aber auch für uns selbst Neues entdecken, aus der unterrichtlichen Routine ausbrechen und uns kreativ weiterentwickeln. Dies motiviert uns und unsere Schüler gleichermaßen.

Das vorliegende Buch lädt mit seinen unterschiedlichen Projekten, z. B. der „Fotobox für Objektfotografie", der „Neuen Frühjahrskollektion" oder dem „Filzpiraten", ein zum Arbeiten mit herkömmlichen Materialien, wie Tonkarton, Papier, Filz oder Stoff, aber auch zum Kennenlernen weniger bekannter Werkstoffe, wie z. B. Hartschaumplatten, MDF oder einigen Naturstoffen, und fördert dadurch auch den verantwortlichen Umgang mit unterschiedlichen Arbeitsmitteln und Werkzeugen. Aber auch Aufgabenbereiche, wie das Erstellen jahreszeitlicher Dekorationen, Grußkarten oder Geschenken, die durch neue Impulse abwechslungsreich inszeniert werden, finden Sie vor.

Thematisch orientieren sich die Projektideen an der Jahreszeit „Frühling" sowie den spezifischen Festtagen, die sich als Anlass für kreative Bastelarbeiten anbieten. Neben Projekten, bei denen das geschaffene Objekt im Vordergrund steht, finden sich auch Arbeitsvorschläge, die über den künstlerisch gestalterischen Prozess hinausgehen und sich für weiterführende Aktivitäten eignen. Hier wird zusätzlich der Spaß an der spielerischen künstlerischen Tätigkeit gefördert („Fischen am Teich"), die Fantasie angeregt („Ich seh da was durch's Schlüsselloch", „Nach einer Aprilschauer") und dazu angeregt, auch außerhalb des Klassenraums in der eigenen Freizeit kreativ zu sein.

Orientiert an der Entwicklung der unterschiedlichen Kompetenzen und Fähigkeiten, sollen die Schüler durch die Projekte zum Erforschen von Material- und Werkzeugeigenschaften und deren Zusammenspiel, zum fantasievollen Formen und Bauen, zum Konstruieren und Inszenieren, zum Sammeln und Erforschen eigener Sinneswahrnehmung sowie einer eigenen Vorstellung von Ästhetik und künstlerisch kreativer Tätigkeit angeregt werden. **Erleben sollen die Schüler die unterschiedlichen Projekte mit allen Sinnen – visuell, haptisch, auditiv und auch olfaktorisch.** Geschult werden auf diese Weise jedoch nicht nur die Sinne und Wahrnehmungsfähigkeiten der Kinder. **Gleichermaßen werden dadurch auch unterschiedliche Arbeitstechniken erlernt und trainiert.** Ziel ist dabei auch die Befähigung der Schüler, Lernwege und Vorgehensweisen kritisch zu reflektieren, um sie für die praktische Umsetzung eigener kreativer Ideen und Gedanken nutzbar zum machen.

---

[1] Wir sprechen hier wegen der besseren Lesbarkeit von Schülern in der verallgemeinernden Form. Selbstverständlich sind auch alle Schülerinnen ausdrücklich gemeint

Einleitung / Hinweise zum Umgang mit dem Material

Um die Umsetzung der Projektideen möglichst einfach zu gestalten, gibt es zu **jedem Arbeitsbereich konkrete Angaben zum Materialbedarf**, eine **Bastelanleitung** mittels derer die Schüler das jeweilige Projekt eigenständig erarbeiten können, **unterstützende Kopiervorlagen** für den unkomplizierten Einsatz im Unterricht sowie Angabe über die Lernziele, einen ungefähren Zeitplan für die Vorbereitung und Durchführung des jeweiligen Projekts und weiterführende Hinweise in den **Info-Boxen für die Lehrkraft**.

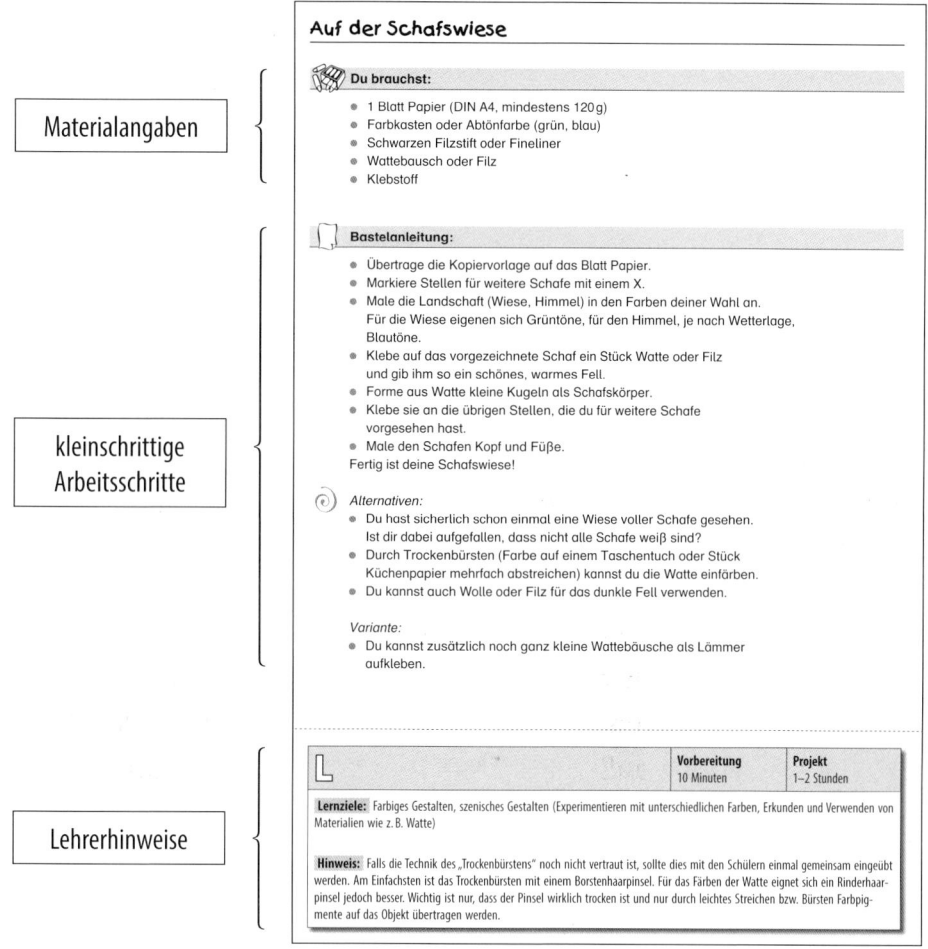

Viele der Vorschläge lassen sich in ein oder zwei Unterrichtsstunden mit geringer Vorbereitungszeit umsetzen. Einige Projekte benötigen etwas mehr Zeit und müssen entsprechend langfristiger geplant und vorbereitet werden.

Auch wenn der Kunstunterricht bereits in hohem Maße auf das individuelle Leistungsvermögen der Kinder eingeht und deren jeweilige Fertigkeiten und Fähigkeiten berücksichtigt, **bietet der vorliegende Band zusätzliches Material zur Binnendifferenzierung nach unterschiedlichen Leistungs- und Entwicklungsständen** und **damit Möglichkeiten zur Inklusion von Schülern mit besonderem Förderbedarf.** Häufig stellt nicht die Bewältigung eines bestimmten Arbeitsauftrages, mag dieser auch noch so detailliert und genau ausfallen, die Lern- und Arbeitshürde dieser Schüler dar. Für Schüler, denen das Lesen schwer fällt, stellt die Textmenge einer Arbeitsanweisung an sich schon eine Herausforderung dar. Das Problem der Schüler liegt in diesen Fällen nicht in der mangelnden praktischen künstlerischen und gestalterischen Fähigkeit. Vielmehr liegt es in der erschwerten Transferleistung von der Theorie in die Praxis.

Einleitung / Hinweise zum Umgang mit dem Material

Um an dieser Schnittstelle anzusetzen und den Transfer für die Schüler mit besonderem Förderbedarf zu erleichtern, enthält dieser Band zu **elf Projektvorschlägen** Aufgabenblätter, die den Bedürfnissen dieser Zielgruppe in besonderer Weise gerecht werden. Bei diesen Projekten wird zusätzlich eine **vereinfachte Kopiervorlage** angeboten, als Alternative gekennzeichnet. Die **Bastelanleitungen sind in der Textmenge reduziert** und **durch Piktos illustriert**. Die **Arbeitsschritte sind klar strukturiert, übersichtlich angeordnet** – und durchnummeriert. Zudem sind **Kästchen** vorgesehen, die sodass die Schüler ihre **bereits erledigten Arbeitsschritte abhaken können**. Dadurch werden die Schüler nicht nur in ihrer Arbeitsorganisation geschult, zugleich wird ein weiterer wichtiger Förderschwerpunkt aus dem Bereich Lern- und Arbeitsverhalten trainiert: das Arbeiten nach Plan im Kunstunterricht.

Beispielfotos der jeweiligen Endprodukte (Seite 96ff) illustrieren die Ergebnisse.

Auf der **CD** finden sich schließlich die **Bastelanleitungen** dieser elf Projekte als **bearbeitbare word-Dateien** wieder, sodass Sie diese noch weiter auf die individuellen Bedürfnisse Ihrer Schüler zuschneiden können, z. B., indem Sie Arbeitsschritte reduzieren und/oder anders anordnen.

Bildkarten der Arbeitsmaterialien, ebenfalls auf der CD zu finden, können ebenfalls als Unterstützung zur Organisation im Unterricht dienen.

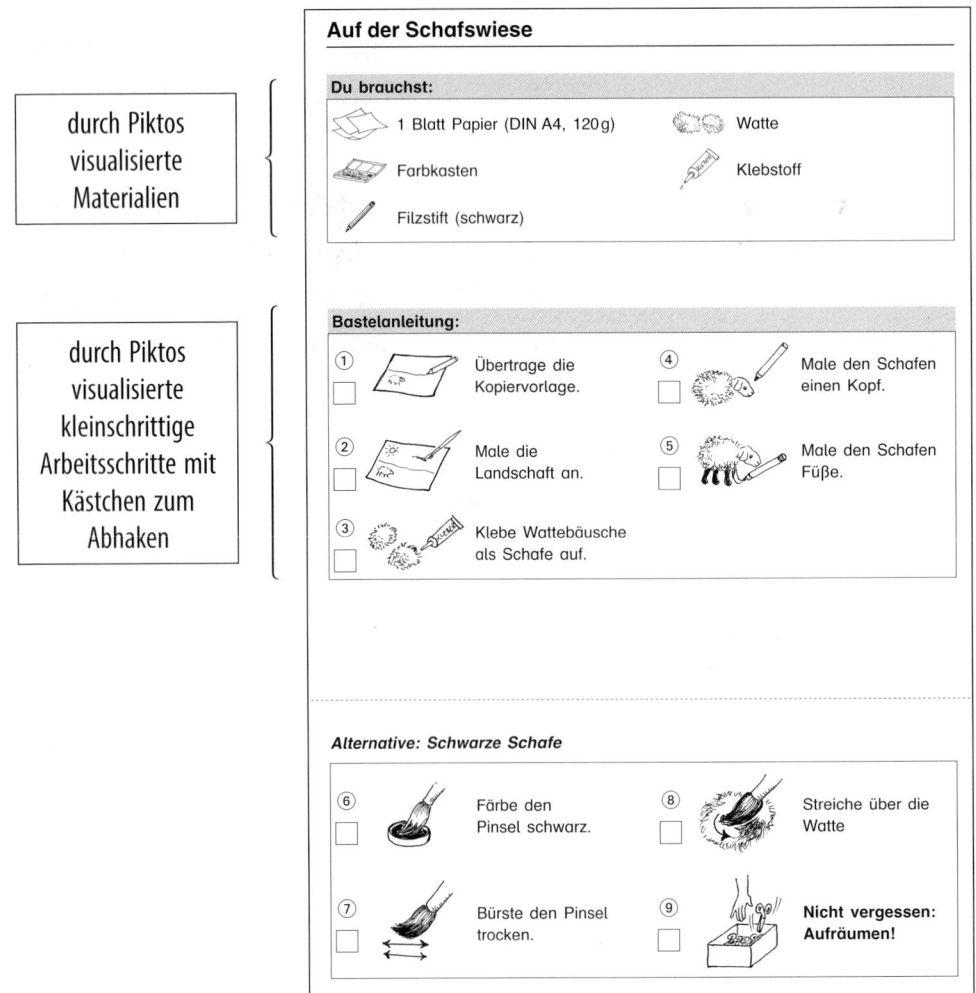

Einleitung / Hinweise zum Umgang mit dem Material

Darüber hinaus bestehen eine Reihe weiterer, zum Teil sicherlich bereits bekannte, **Möglichkeiten, bei Arbeitsprozessen und Projekten zusätzlich zu differenzieren.** Dies beginnt bereits bei einfachen Arbeitsschritten, wie dem Übertragen einer Kopiervorlage. Während leistungsstärkere Schüler die Kopiervorlage selbst frei Hand auf die Arbeitsgrundlage übertragen oder von der Vorlage abweichen dürfen, kann die **Kopiervorlage für Schüler mit Förderbedarf vollständig oder in Teilen kopiert werden.** Hier kann zusätzlich ausdifferenziert werden, indem bei bestimmten Bastelarbeiten **größere Vorlagen für die Schüler** angefertigt werden, z. B. Kopiervorlage von DIN A4- auf DIN A3-Format. Außerdem bietet sich bei manchen Arbeiten eine **Verwendung von schwererem und damit formstabilerem Papier** an. Auch bei Techniken des Nachkolorierens oder Aquarellierens erweist sich dies als sehr hilfreich.

Durch **Abänderung der verwendeten Arbeitstechniken bzw. Arbeitswerkzeuge** sind ebenfalls Möglichkeiten der Vereinfachung gegeben: beispielsweise kann anstelle des Cutters eine Prickelnadel verwendet werden. Ebenso können Buntstifte den Wasserfarbkasten ersetzen. Mit einem Schwamm lässt sich großflächig einfacher malen als mit einem Pinsel.

Außerdem kann es sinnvoll sein, die **Wahl der Arbeitsmaterialien leicht abzuändern**, um die Projektarbeit zu vereinfachen; so wird beispielsweise der Schafskörper auf der Schafswiese nicht aus Watte geformt, schwarz trocken gebürstet und dann aufgeklebt, sondern einfach aus schwarzen Filz oder schwarzer Wolle gefertigt.

Ein großer Vorteil dieser Herangehensweise liegt darin, dass die Schüler mit Förderbedarf weitestgehend eigenständig und damit selbstbewusst arbeiten können und folglich produktiv am Kunstunterricht teilhaben.

Zusätzlich können **leistungsstärkere Schüler ihren Mitschülern mit Förderbedarf unterstützend bei bestimmten Arbeitsschritten behilflich** sein. Durch dieses kooperative Lernen miteinander, das Schüler auch in ihrer „**Vermittlerrolle**" ernst nimmt und sie in Unterrichtsprozesse einbindet, werden zusätzlich soziale Kompetenzen geschult. Auch fällt es manchmal leichter, Hilfe von einem Mitschüler in Anspruch zu nehmen, als von der Lehrperson.

Aber auch die Eltern Ihrer Schüler sind herzlich dazu eingeladen, sich für den Kunstunterricht ihrer Kinder zu engagieren. Beispielsweise können kleinere Vorbereitungsaufgaben von den Eltern übernommen werden. Außerdem können Sie die Eltern an einem Elternabend darauf hinweisen, welche haushaltsnahen Materialien (z. B. Eierkartons, Korken oder Papier und Stoffreste) für bestimmte Projekte benötigt werden. Dann kann das Material gezielt gesammelt werden. Gleiches gilt für Naturmaterialien, wie z. B. Stöcke, Äste oder Blätter. Diese können von den Eltern auf einem Waldspaziergang mit ihren Kindern eingesammelt werden. Auch ein gemeinsamer Waldausflug mit der gesamten Klasse ist denkbar.

Ich wünsche Ihnen viel Spaß beim Ausprobieren der Ideen in Ihrem eigenen Kunstunterricht!

Ein Vogelnest „bauen"

Du brauchst:

- 1 Blatt Papier (DIN A4, mindestens 120 g)
- farbige Buntstifte
- Stroh(halme), kleine Äste und Stöckchen, trockenes Gras, getrocknetes Moos, Blätter
- Schere
- Klebstoff, Leim

Alternative:
- hellbraunen, braunen, dunkelbraunen Tonkarton DIN A5

Bastelanleitung:

- Übertrage die Kopiervorlage auf das Blatt Papier.
- Male den Vogel, die Vogeleier, den Ast und den Himmel in den Farben deiner Wahl an.
- Baue aus dem Material, das du gesammelt hast (z. B. Stroh(halme)), kleine Äste und Stöckchen, trockenes Gras, getrocknetes Moos) das Nest für den Vogel.
- Klebe die Strohhalme, Äste und Stöckchen auf.
  Du kannst das Nest auch mit Moos und Blättern auskleiden.
  Klebe das Moos und die Blätter um die Vogeleier.
  Danach kannst du sie mit Halmen und Ästen überkleben.

Alternative:
- Schneide dünne Streifen aus hellbraunem, braunem und dunkelbraunem Tonkarton als Äste und Zweige aus.
- Klebe die Streifen so auf, das daraus ein Vogelnest entsteht.

	Vorbereitung	**Projekt**
	10 Minuten	1–2 Stunden

Lernziele: Kreatives Gestalten, räumliches Gestalten (Sammeln und Erkunden von Naturmaterialien wie z. B. Holz, Stroh, Blätter, Moos sund Gras)

Hinweise: Beim Arbeiten mit Klebstoff und Leim sollte darauf geachtet werden, dass die Arbeitsbereiche entsprechend mit Arbeitsunterlagen oder Zeitungspapier vorbereitet werden, die verklebt werden dürfen. Arbeitsmaterialien, wie z. B. Pinsel, sollten im Anschluss gründlich gereinigt werden.

Arbeitsmaterialien aus der Natur (Äste, Stroh, etc.) sollten entsprechend aufbewahrt werden, damit nicht zu viel Schmutz im Klassenraum entsteht.

Für das Sammeln von Arbeitsmaterialien in der Natur kann ein gemeinsamer Termin (Spaziergang im Grünen) gefunden werden, an dem dann bereits vorausschauend für mehrere Bastelarbeiten „gesammelt" wird.

Kopiervorlage: Ein Vogelnest „bauen"

Frühlingsschaukasten

 Du brauchst:

- 1 Bogen Tonkarton, DIN A3 (weiß)
- Transparentpapier (grau, durchscheinend, dünn)
- Buntstifte, Bleistift
- Radiergummi und Anspitzer
- Schere (oder Cutter)
- 1 Teelicht (Duftteelicht)

 Bastelanleitung:

- Übertrage die Kopiervorlage auf den Tonkarton.
- Schneide den Umriss aus. Achte auf die Klebelaschen.
- Knicke einmal alle Kanten vor und falte die Vorlage zu einem „Kasten".
- Schneide (mit dem Cutter) die Öffnung wie in der Bastelvorlage aus.
- Schneide das Transparentpapier zurecht und klebe es hinter die Aussparung.
- Zeichne ein kleines Frühlingsbild, z. B. eine Landschaft mit einem kleinen Haus im Grünen, leuchtende Frühlingsblumen oder einen strahlend grünen Baum auf den Teil der Bastelvorlage, der nach dem Falten der ausgeschnittenen Seite gegenüberliegt.
- Trage Klebstoff auf die Klebelaschen, lass diesen einen kurzen Moment antrocknen und klebe dann den Kasten zusammen.
- Wenn du jetzt ein Teelicht in einem Glas in die Mitte stellst und anzündest, solltest du durch den Schein des Lichts dein Landschaftsbild von außen erkennen können.

 Alternative:

- Wenn du nicht das richtige Transparentpapier (dünn, durchscheinend) hast, kannst du auch Klarsichtfolie verwenden und auf diese mit einem Pinsel ganz stark verdünntes Schwarz auftragen. Du musst hier sehr geduldig sein, da die Farbe auf der Folie verläuft und erst nach dem Trocknen ein leichter Grauschleier als Nebel zurückbleibt. Wenn nötig, wiederhole diesen Schritt mehrfach. So entstehen schöne Nebelschwaden.

	Vorbereitung	**Projekt**
	10 Minuten	1–2 Stunden

Lernziele: Räumliches Gestalten, Erproben von Materialien und Techniken zur einfachen räumlichen Gestaltung, Arbeit mit Licht

Hinweis: Bei Arbeit mit Kerzen und offenem Feuer ist stets besondere Vorsicht geboten. Die Teelichter sollten erst nach Fertigstellung der Schaukästen gemeinsam mit der Lehrkraft eingesetzt und deren Wirkung ausprobiert werden.

Kopiervorlage: Frühlingsschaukasten

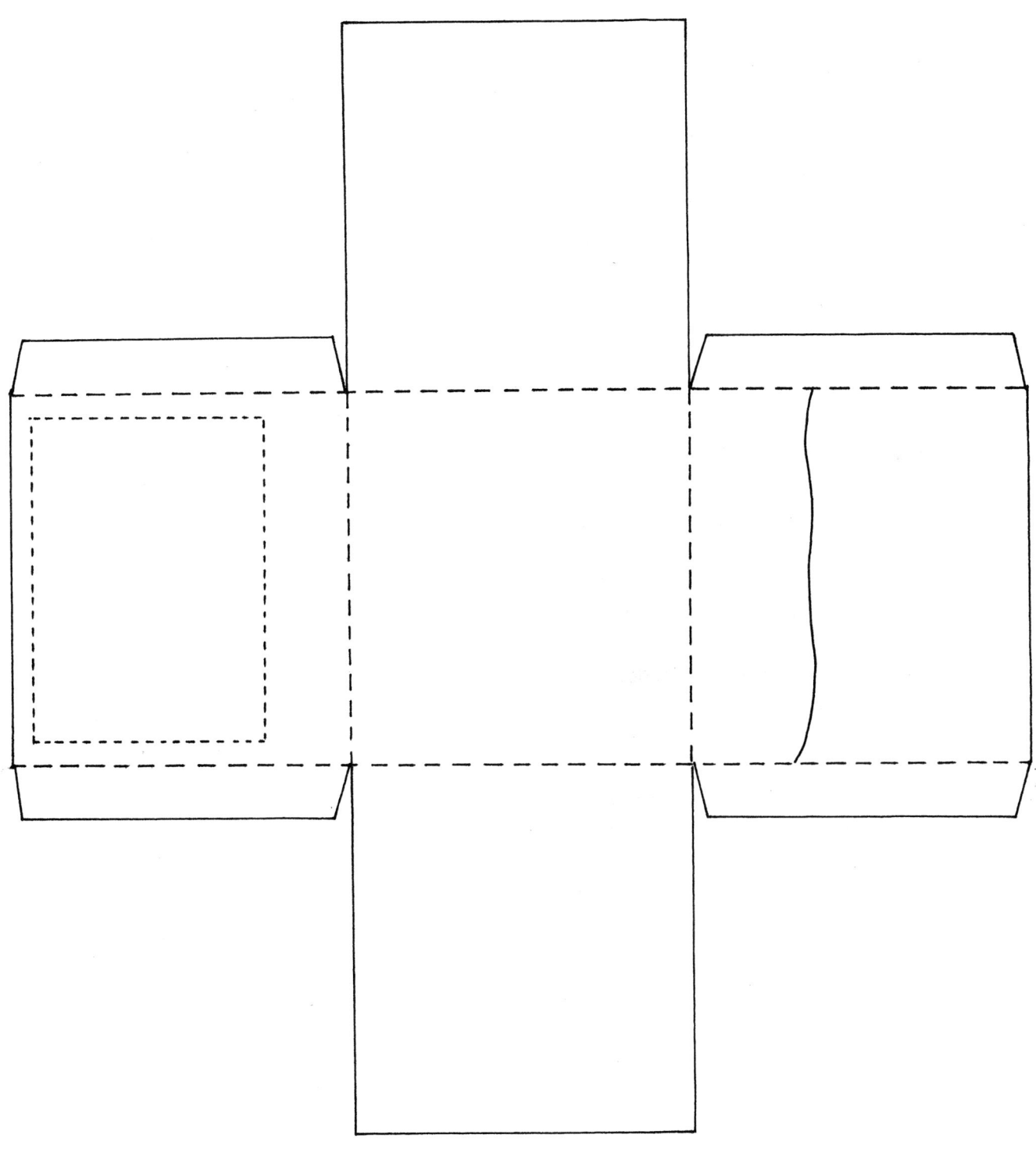

„Frühjahrsputz" – ein unordentliches Zimmer „aufräumen"

 Du brauchst:

- 2 Blatt weißes Papier (DIN A4)
- Schere
- Bleistift, Buntstifte, Fineliner
- Klebstoff
- Möbelkatalog

 Bastelanleitung:

- Übertrage die Kopiervorlage auf ein Blatt Papier.
- Vor dir siehst du ein unaufgeräumtes Jugendzimmer.
  Der Frühjahrsputz steht an.
  Deine Aufgabe ist es nun, das Zimmer „aufzuräumen".
- Schneide mit der Schere unordentliche Bildteile aus.
- Sobald du alle Teile des Bildes ausgeschnitten hast,
  die du gerne umräumen und ordnen möchtest,
  klebst du das zweite Blatt Papier hinter die Kopiervorlage.
  So füllst Du die entstandenen Löcher.
- Wenn beim Ausschneiden nun bestimmte Teile des Bildes
  beschädigt worden sind – vielleicht ist ein Stück vom Schreibtisch
  abgeschnitten worden, oder beim Bett fehlt nun ein Bettpfosten –,
  kannst du diese Teile des Zimmers nun wieder reparieren,
  indem du die fehlenden oder beschädigten Teile mit Bleistift
  oder Fineliner neu malst.
- Zusätzlich kannst du auch Möbel und Einrichtungsgegenstände
  aus dem Möbelkatalog ausschneiden und in „dein" Zimmer kleben,
  um es weiter zu verschönern und ordentlicher zu gestalten.

 Alternativen:

- Vielleicht hast du in deinem Materialfundus noch Stoffreste
  oder andere „Hilfsmittel", die dir beim „Aufräumen" helfen können.
  Aus einem Stoffrest könntest du zum Beispiel eine Tagesdecke
  für das Bett schneiden.
- Vielleicht hast du ja noch weitere Ideen um das Zimmer wieder
  schön und ordentlich zu gestalten.

		Vorbereitung	**Projekt**
		10 Minuten	2–3 Stunden

Lernziele: Grafisches Gestalten, räumliches Gestalten (Erkennen und grafisches Ergänzen von Mustern, Formen und Gegenständen, Erprobung unterschiedlicher Mal- und Zeichentechniken, Erste Eindrücke von Räumlichkeit)

Kopiervorlage: Frühjahrsputz

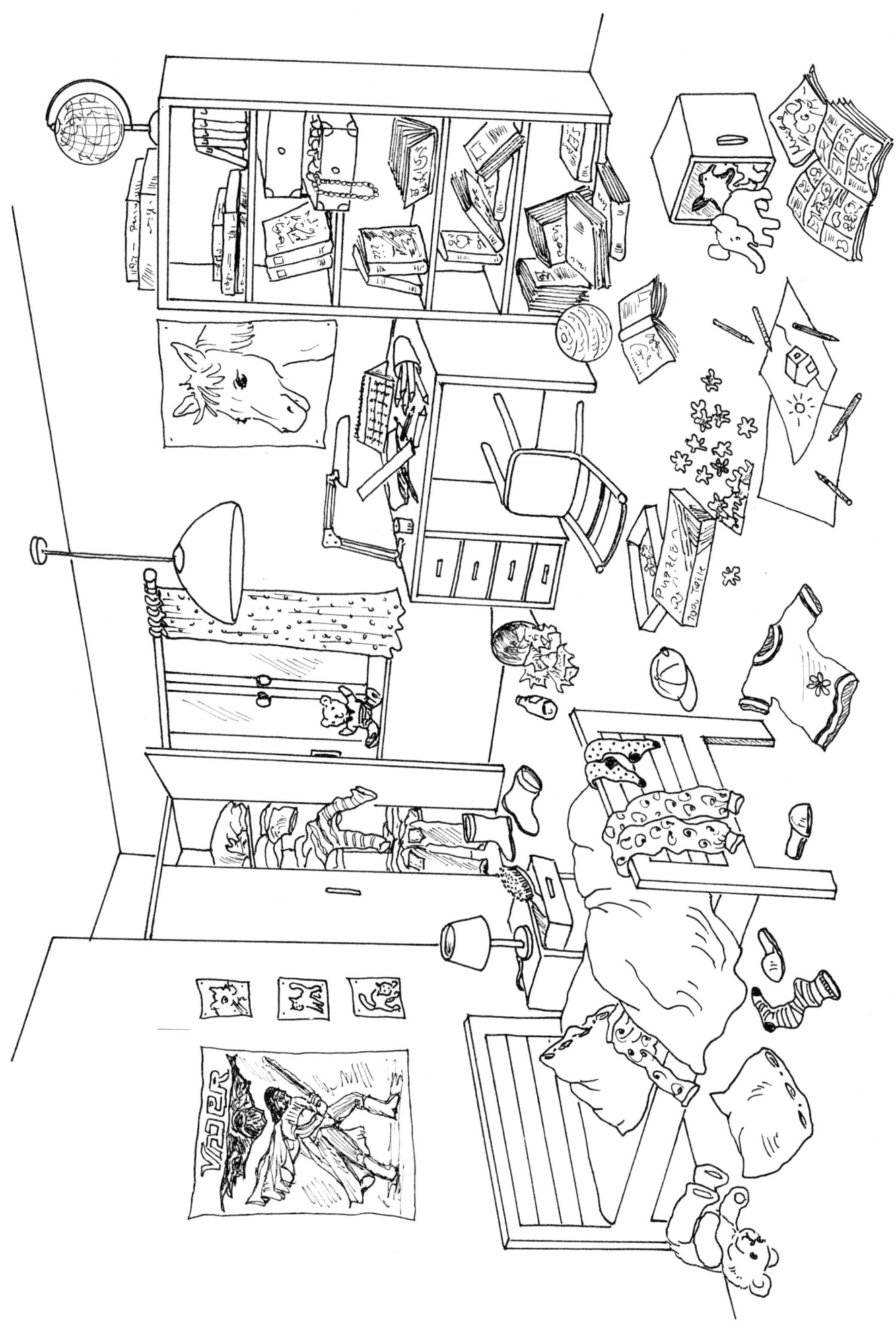

Die Sonderbriefmarke – eine „Frühlingsgefühle"-Collage

 Du brauchst:

- 1 weißes Blatt Papier (DIN A4, 120 g)
- Zeitungen, Magazine
- Schere
- Klebstoff
- Zackenschere
- Buntstifte

 Bastelanleitung:

- Sammle in Zeitungen und Magazinen Wörter, Zahlen, Buchstaben und Bilder für deine Collage zum Thema „Frühlingsgefühle".
- Schneide die Materialien aus.
- Gestalte mit deinem Collage-Material eine ausgefallene Sonderbriefmarke frei nach deiner Fantasie.
- Achte darauf, dass keine Lücken in der Collage entstehen.
- Was steht sonst noch auf einer Briefmarke? Der Preis? Ein Land? Ein Spruch?
- Vervollständige deine Briefmarke.
- Schneide die Ränder deiner Briefmarke mit der Zackenschere ab. Dann sieht dein Bild auch aus wie eine echte Briefmarke!

L		**Vorbereitung** 10 Minuten	**Projekt** 1–2 Stunden

Lernziele: Grafisches Gestalten (Erlernen das Umsetzen von Fantastischem in eigene Bilder, Erproben und Erlernen des Collagierens, Anlegen und Arbeiten mit einer Materialkartei)

Hinweise: Neben der eigentlichen Bastelarbeit sollte insbesondere für das Finden eines Themas oder Mottos und die daran anknüpfende Erstellung des Collage-Materials eine gewisse Zeit mit einkalkuliert werden. Denn nur wenn genügend Material angesammelt wurde, können die Schüler entsprechend kreativ arbeiten.

Zur Erinnerung können die im Endresultat doch recht großen Briefmarken noch einmal abfotografiert oder eingescannt und dann in einer Größe von 6 × 4 cm ausgedruckt werden. Dann ist noch genügend von den Ursprungswerken zu erkennen und die Schüler erfahren, wie ihre Marken tatsächlich als Sondermarke auf einem Brief aussehen könnten.

Kopiervorlage: Die Sonderbriefmarke – Eine „Frühlingsgefühle"-Collage

Schmetterlinge am Fenster

Du brauchst:

- 2 Blatt weißen Tonkarton (DIN A4)
- Transparentpapier in verschiedenen Farben
- Schere
- Prickelnadel
- Prickelunterlage

Bastelanleitung:

- Übertrage die Kopiervorlage der Schmetterlinge auf den weißen Tonkarton.
- Schneide die Schmetterlinge je zweimal mit einer Schere aus.
- Prickel vorsichtig die Innenseite der Schmetterlingsflügel aus. Achte darauf, dass du genau die gestrichelte Linie entlang prickelst. Wenn die Flügel zu dünn ausgeprickelt werden, ist es nachher schwirig, das Transparentpapier sauber aufzukleben. Außerdem werden die Schmetterlinge dann sehr zerbrechlich.
- Schneide buntes Transparentpapier in unterschiedlichen Farben für die Schmetterlingsflügel zu und klebe es hinter die Schmetterlingsflügel.
- Klebe dann die beiden passenden Schmetterlingsvorlagen so aufeinander, dass das Transparentpapier in der Mitte liegt. So sehen die Schmetterlinge von beiden Seiten schön aus und können mit einem Klebestreifen ans Fenster geklebt werden.
- Du kannst die Schmetterlinge aber auch an einem dünnen Nähgarnfaden oder etwas Angelschnur aufhängen. Wenn der Wind durch das geöffnete Fenster weht, „tanzen" die Schmetterlinge sogar.

Alternative:

Wenn du richtig bunte Schmetterlingsflügel basteln möchtest, gibt es zwei schöne Möglichkeiten:
① Verwende weißes Transparentpapier, das du mit buntem Kerzenwachs beträufelst.
② Verwende weißes Transparentpapier, das du mit farbiger Ölkreide bemalst und anschließend, indem du ein weiteres Transparentpapier darüberlegst, vorsichtig bügelst (dabei hilft dir deine Lehrerin). So verwischt die Farbe und schöne Farbverläufe entstehen. Gerade am Fenster, wenn die Sonne scheint, verleiht dies deinen Schmetterlingen eine ganz besondere Note.

L	Vorbereitung	Projekt
	10 Minuten	1–2 Stunden

Lernziele: Grafisches Gestalten, kreatives Gestalten (Verarbeiten unterschiedlicher Materialien mit einfachen Arbeitsverfahren, einfache Objektgestaltung)

Hinweise: Bei Arbeit mit Kerzen und offenem Feuer ist stets besondere Vorsicht geboten.
Die Arbeit mit Ölkreide und anschließendem Bügeln verleiht den Kunstwerken eine ganz besondere Note. Bei Schülern ist diese Arbeit sehr beliebt. Das Bügeln der Farbarrangements sollte aber nur von der Lehrkraft durchgeführt werden.
Die Blätter sollten im Anschluss kurz zum Abkühlen beiseitegelegt werden. Erst dann wird die Arbeit fortgesetzt.

Kopiervorlage: Schmetterlinge am Fenster

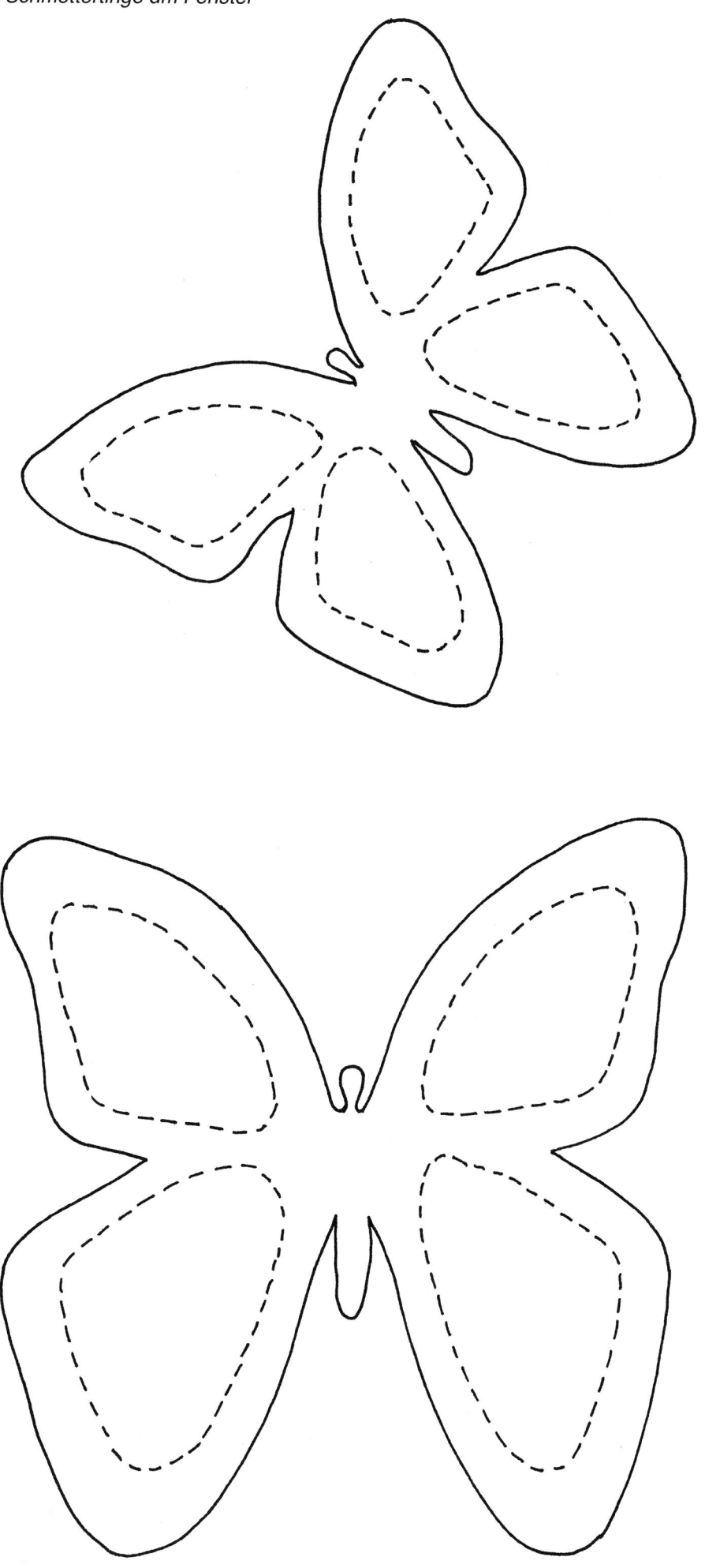

Auf der Schafswiese

 Du brauchst:

- 1 Blatt Papier (DIN A4, mindestens 120 g)
- Farbkasten oder Abtönfarbe (grün, blau)
- Schwarzen Filzstift oder Fineliner
- Wattebausch oder Filz
- Klebstoff

 Bastelanleitung:

- Übertrage die Kopiervorlage auf das Blatt Papier.
- Markiere Stellen für weitere Schafe mit einem X.
- Male die Landschaft (Wiese, Himmel) in den Farben deiner Wahl an.
  Für die Wiese eigenen sich Grüntöne, für den Himmel, je nach Wetterlage, Blautöne.
- Klebe auf das vorgezeichnete Schaf ein Stück Watte oder Filz und gib ihm so ein schönes, warmes Fell.
- Forme aus Watte kleine Kugeln als Schafskörper.
- Klebe sie an die übrigen Stellen, die du für weitere Schafe vorgesehen hast.
- Male den Schafen Kopf und Füße.

Fertig ist deine Schafswiese!

 Alternativen:

- Du hast sicherlich schon einmal eine Wiese voller Schafe gesehen. Ist dir dabei aufgefallen, dass nicht alle Schafe weiß sind?
- Durch Trockenbürsten (Farbe auf einem Taschentuch oder Stück Küchenpapier mehrfach abstreichen) kannst du die Watte einfärben.
- Du kannst auch Wolle oder Filz für das dunkle Fell verwenden.

Variante:

- Du kannst zusätzlich noch ganz kleine Wattebäusche als Lämmer aufkleben.

	Vorbereitung	**Projekt**
	10 Minuten	1–2 Stunden

Lernziele: Farbiges Gestalten, szenisches Gestalten (Experimentieren mit unterschiedlichen Farben, Erkunden und Verwenden von Materialien wie z. B. Watte)

Hinweis: Falls die Technik des „Trockenbürstens" noch nicht vertraut ist, sollte dies mit den Schülern einmal gemeinsam eingeübt werden. Am Einfachsten ist das Trockenbürsten mit einem Borstenhaarpinsel. Für das Färben der Watte eignet sich ein Rinderhaarpinsel jedoch besser. Wichtig ist nur, dass der Pinsel wirklich trocken ist und nur durch leichtes Streichen bzw. Bürsten Farbpigmente auf das Objekt übertragen werden.

Auf der Schafswiese

Du brauchst:

- 1 Blatt Papier (DIN A4, 120 g)
- Farbkasten
- Filzstift (schwarz)
- Watte
- Klebstoff

Bastelanleitung:

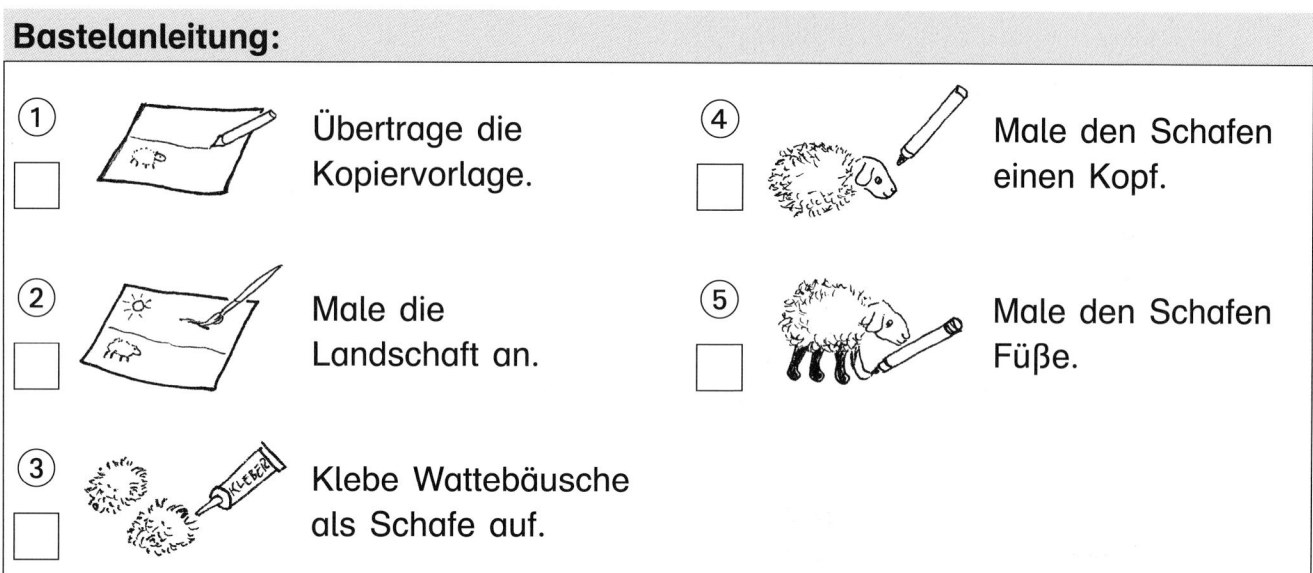

① Übertrage die Kopiervorlage.

② Male die Landschaft an.

③ Klebe Wattebäusche als Schafe auf.

④ Male den Schafen einen Kopf.

⑤ Male den Schafen Füße.

Alternative: Schwarze Schafe

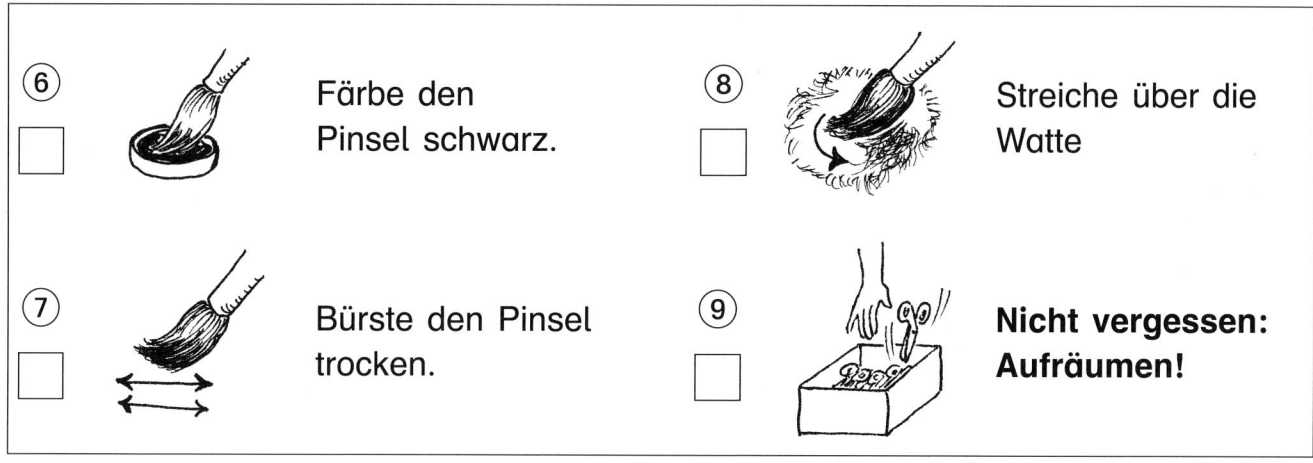

⑥ Färbe den Pinsel schwarz.

⑦ Bürste den Pinsel trocken.

⑧ Streiche über die Watte

⑨ **Nicht vergessen: Aufräumen!**

Kopiervorlage: Auf der Schafswiese

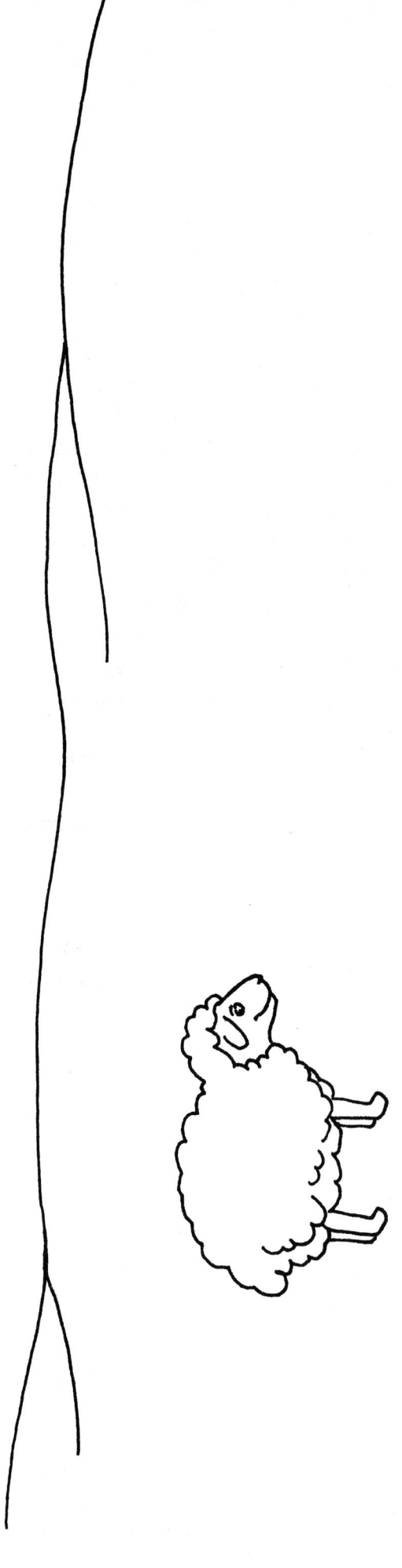

20   Jochen Schmidt: Jahreszeitliches Basteln und Gestalten – Frühling
© Persen Verlag

„In den Horizont fahren" – ein Frühlingsausflug

 Du brauchst:

- 2–3 Blatt weißes Papier (DIN A4)
- Schere
- Klebstoff
- Buntstifte
- Fineliner (schwarz)

 Bastelanleitung:

- Übertrage die Kopiervorlagen auf je ein Blatt Papier (die Kopiervorlage der Fahrzeuge wird dreimal kopiert, einmal auf DIN A4, einmal leicht verkleinert bzw. leicht vergrößert. Dann hast du eine größere Auswahl).
- Male das Bild farbig an, zuerst die Straße, dann die Landschaft.
- Male die Fahrzeuge bunt an und schneide sie aus.
- Lege die Fahrzeuge, entsprechend ihrer Größe und ihrer Fahrtrichtung, auf die Straße. Auf der rechten Seite fahren die Autos in Richtung Horizont, auf der linken Seite kommen dir die Fahrzeuge entgegen.
- Achte auf die Nummern in der Skizze: Die größeren Fahrzeuge sollten im unteren Bereich (3) des Bildes angeordnet werden. Die mittleren Fahrzeuge im Bereich (2) und die kleinsten Fahrzeuge sollten im Bildbereich (1) angeordnet werden.
- Sobald du mit der Position der Fahrzeuge zufrieden bist, kannst du diese aufkleben.
- Du kannst auch frei Hand weitere Fahrzeuge oder Bäume und Häuser aufmalen.

Zusätzlich:
Wenn du noch Zeit und Lust hast, kannst du auch noch Insassen in die Fahrzeuge malen. Vielleicht ist ja in einem Auto sogar ein Hund oder ein anderes Haustier mit unterwegs?

	Vorbereitung	Projekt
	10 Minuten	1–2 Stunden

Lernziele: Räumliches Gestalten, Farbiges Gestalten (Erproben von Raumgestaltung, Erkunden von räumlicher Vorstellungskraft und Perspektiven), Darstellung von Bewegung, Entwicklung einfacher bildnerischer Ordnung

Hinweis: Um Zeit zu sparen, können Sie die Kopiervorlagen bereits für die gesamte Klasse in den entsprechenden Größen kopieren. Zusätzlich kann die Kopiervorlage für die Fahrzeuge auf buntes Papier kopiert werden, dann müssen die Schüler die Fahrzeuge nicht mehr ausmalen. Auch dies spart Zeit, wenn z. B. nur eine Schulstunde zur Verfügung steht.

„In den Horizont fahren" – ein Frühlingsausflug

Du brauchst:

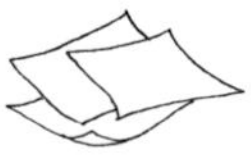

- 2–3 Blatt weißes Papier (DIN A4)
- Schere 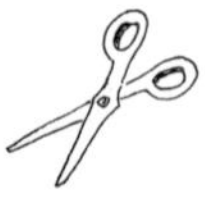
- Klebstoff 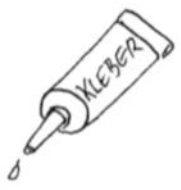
- Buntstifte 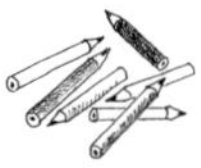
- Fineliner (schwarz) 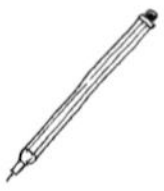

Bastelanleitung:

① ☐ 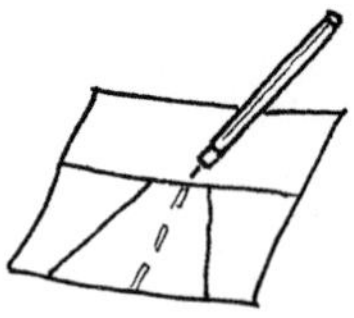 Übertrage die Kopiervorlage (1).

② ☐ 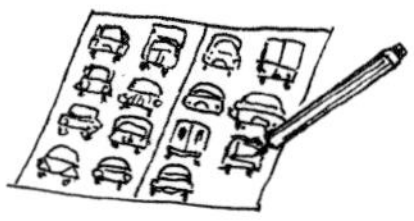 Übertrage die Kopiervorlage (2).

③ ☐ 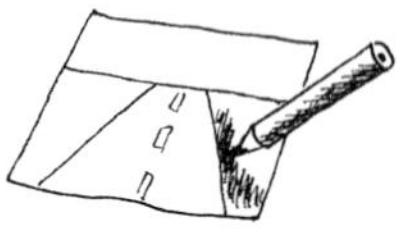 Male die Straße an.

④ ☐ 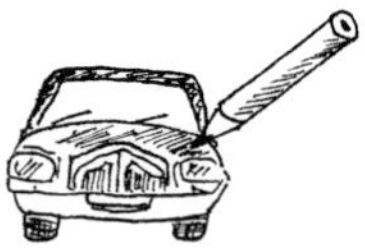 Male die Autos an.

⑤ ☐ 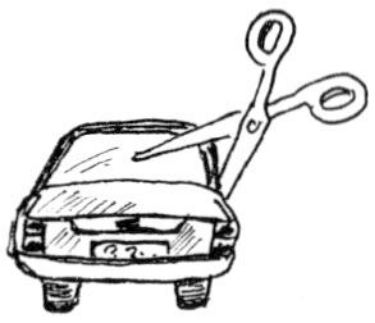 Schneide die Autos aus.

⑥ ☐ 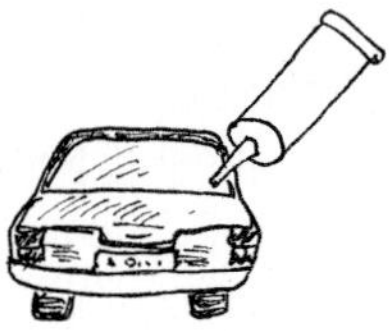 Klebe die Autos auf. Achte auf Richtung und Größe.

⑦ ☐ 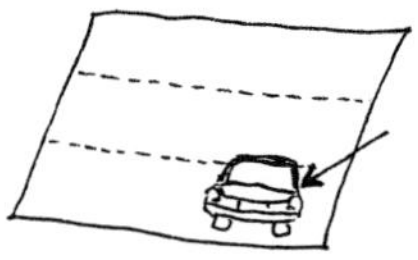 Große Autos unten.

⑧ ☐ 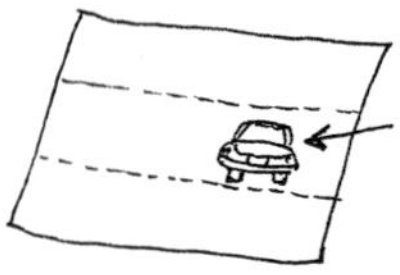 Mittlere Autos mittig.

⑨ ☐ 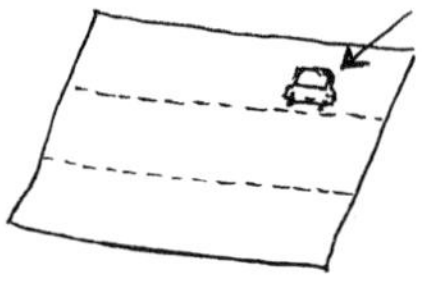 Kleine Autos oben.

⑩ ☐ 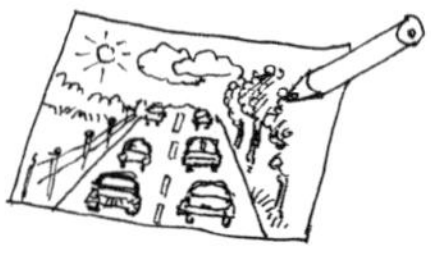 Male eine Landschaft.

⑪ ☐  **Nicht vergessen: Aufräumen!**

Kopiervorlage: „In den Horizont fahren" – ein Frühlingsausflug (1)

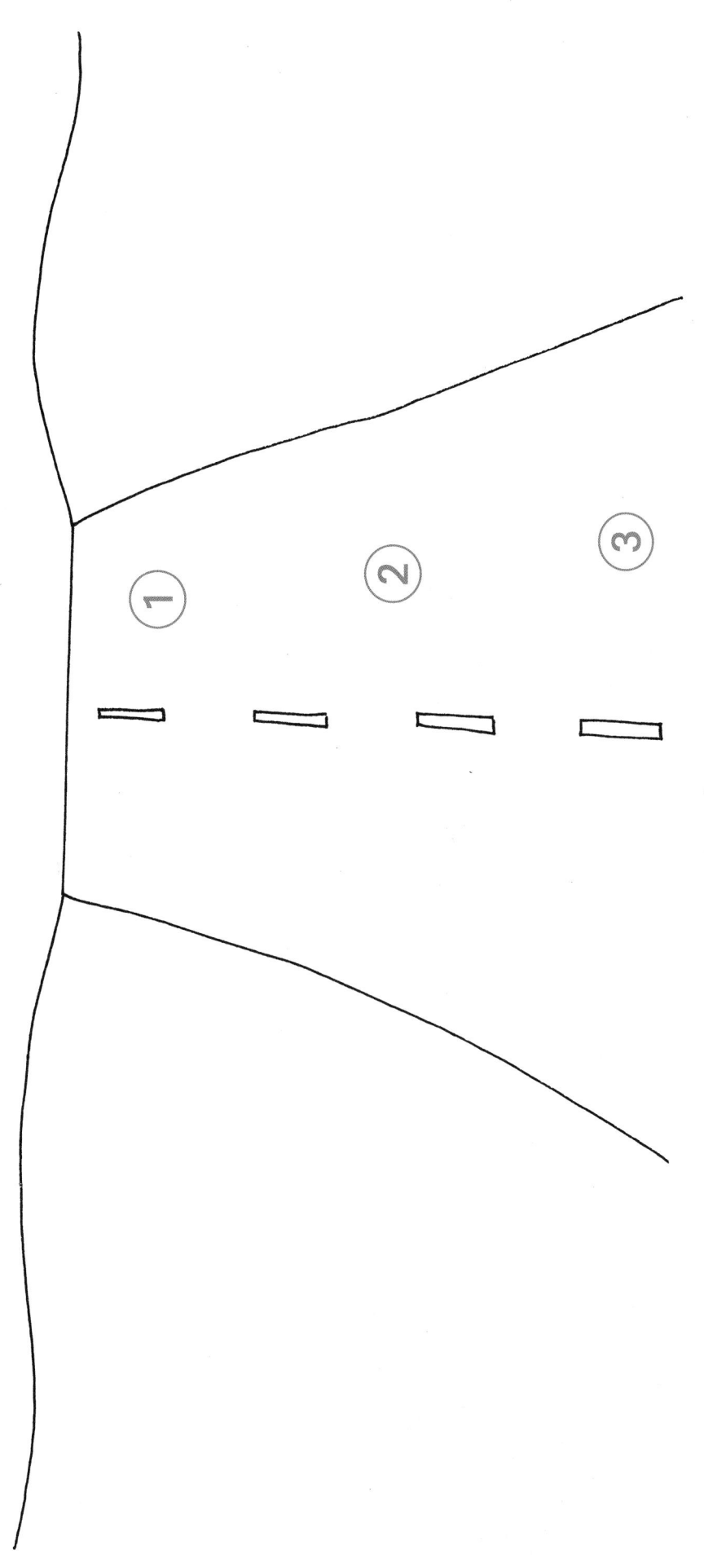

Kopiervorlage: „In den Horizont fahren" – ein Frühlingsausflug (2)

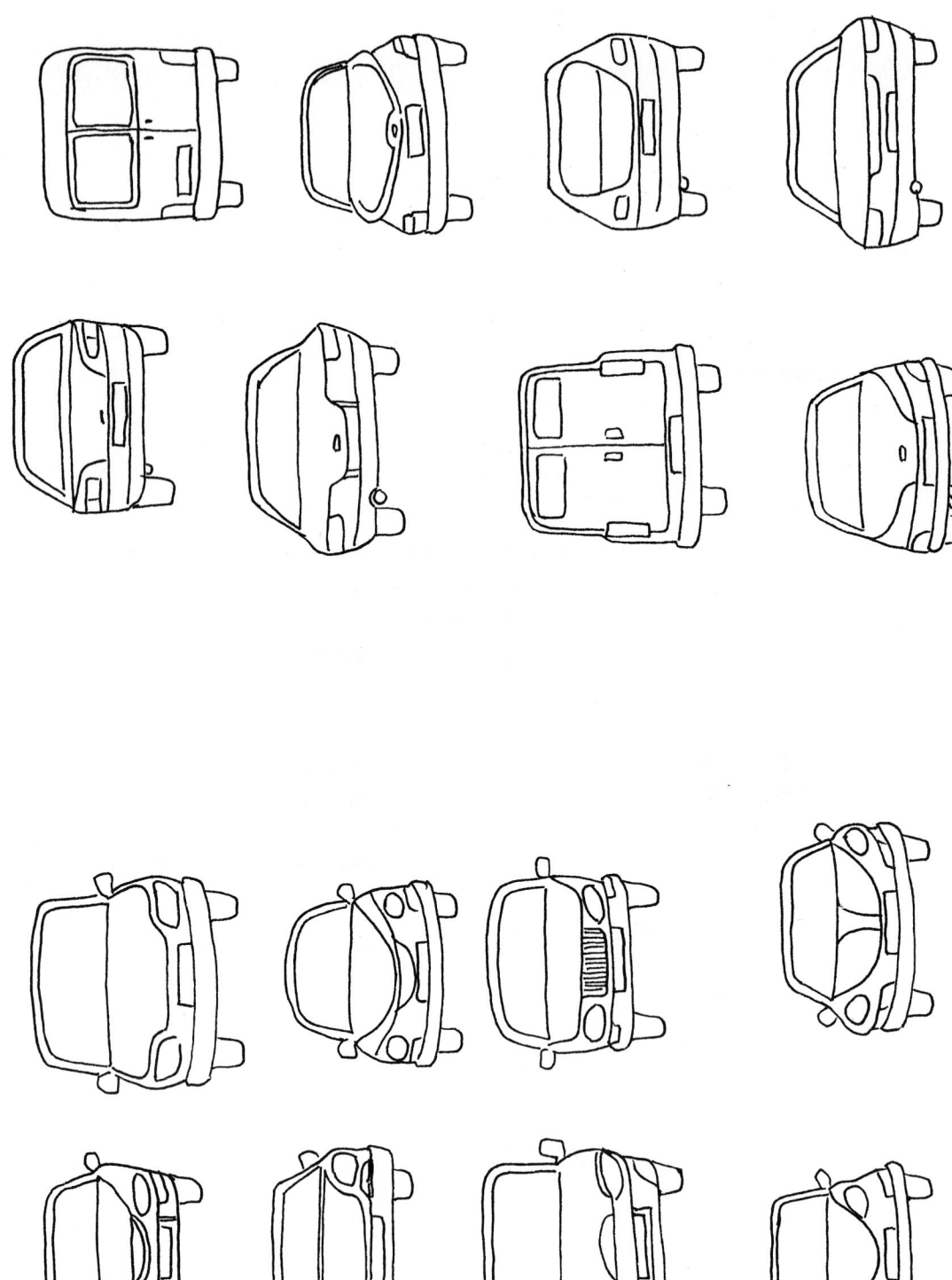

Ein Laubbaum im Frühling

 Du brauchst:

- 1 Blatt Papier (DIN A3)
- Farbkasten oder Abtönfarbe (grün, gelb)
- Deckweiß
- Mischkasten
- Pinsel oder Schwamm
- einen Lappen zum Reinigen der Finger

 Bastelanleitung:

- Wasche dir gründlich die Finger!
- Übertrage die Kopiervorlage auf das DIN A3 Papier.
- Mische unterschiedliche Grüntöne mit den Farben grün und gelb an. Wenn du etwas „Deckweiß" hinzufügst, kannst du zusätzlich noch weitere Farbtöne erzeugen.
- Achte darauf, dass die Farbe dickflüssig ist und sich gut verstreichen lässt.
- Lege einen Lappen griffbereit, damit du dir jederzeit gut die Hände abwischen kannst.
- Färbe dir z. B. den Zeigefinger oder den Daumen mit den unterschiedlichen Grüntönen ein und drucke damit grüne Klekse als Blätter auf den noch kahlen Baum. So entsteht ein buntes Blätterdach.
- Desto zahlreicher deine Grüntöne, desto bunter wird der Baum.

 Tipp:

- Vielleicht fallen dir noch weitere Dinge ein, die du mit dieser „Drucktechnik" auf das Bild bringen kannst. Ein dunkler Daumenabdruck könnte zum Beispiel ein Vogel sein.
- Diesem kannst du mit einem Fineliner oder einem Bleistift dann noch Füße und einen Schnabel malen.
- Fallen dir noch weitere Dinge ein, die du zum Bild hinzufügen kannst?

L	Vorbereitung	Projekt
	10 Minuten	1 Stunde

Lernziele: Farbiges Gestalten mit dem Schwerpunkt des zielgerichteten Gestaltens, insbesondere das Mischen von Farbtönen, Sammeln von Erfahrung im Umgang mit Farbnuancen und Farbkontrasten

Hinweis: Für gestalterische Arbeiten, die vollen „Körpereinsatz" erfordern und bei dem auch gerne mal ein wenig „gekleckert" wird, sollten bereits im Vorhinein Reinigungstücher, Waschlappen und Handtücher in ausreichender Anzahl bereitgehalten werden, damit sich die Schüler während und nach der künstlerischen Arbeit wieder sauber machen können. So lässt sich unnötiges Aufräum- und Reinigungschaos minimieren.

Ein Laubbaum im Frühling

Du brauchst:

- 1 Blatt Papier (DIN A3)
- Farbkasten
- Mischplatte
- Pinsel
- Lappen
- Filzstift

Bastelanleitung:

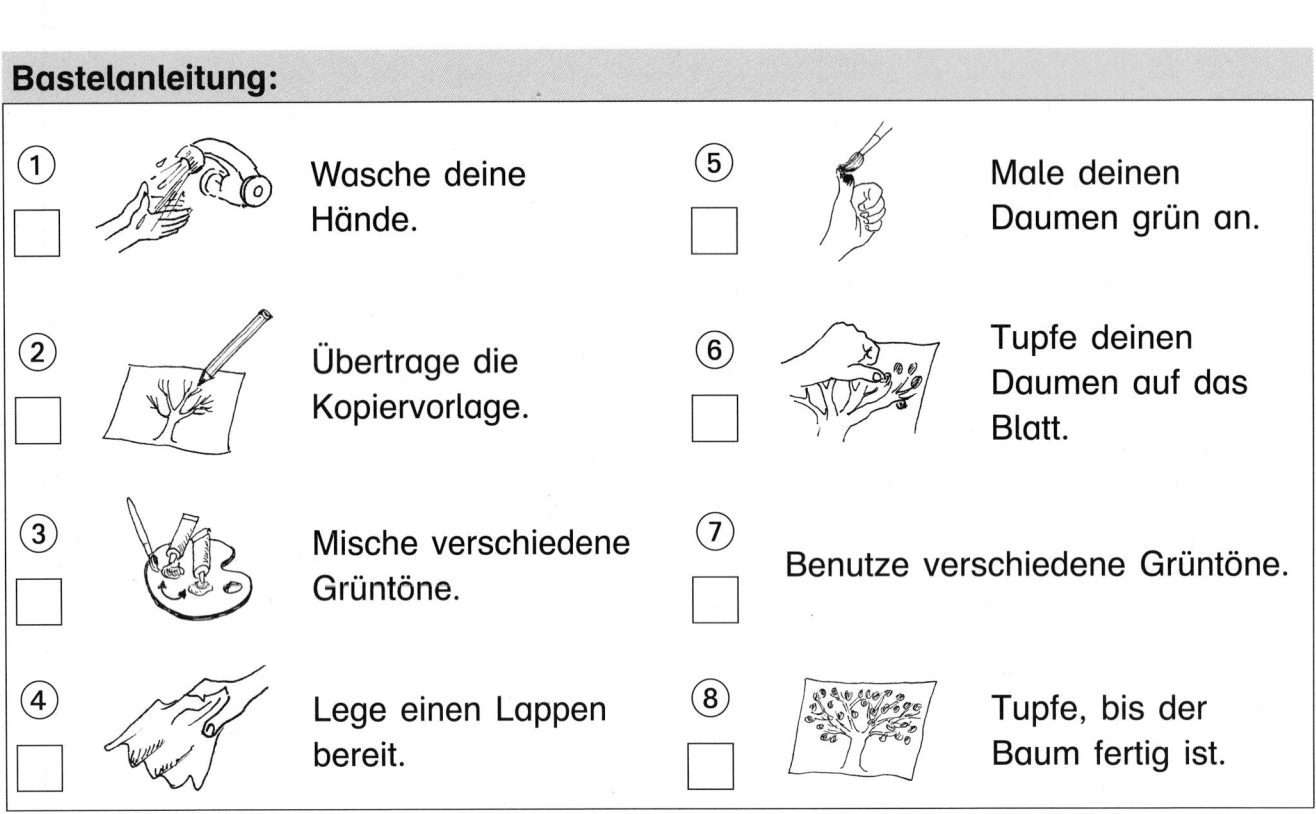

1. Wasche deine Hände.
2. Übertrage die Kopiervorlage.
3. Mische verschiedene Grüntöne.
4. Lege einen Lappen bereit.
5. Male deinen Daumen grün an.
6. Tupfe deinen Daumen auf das Blatt.
7. Benutze verschiedene Grüntöne.
8. Tupfe, bis der Baum fertig ist.

Alternative: Hast du Ideen für weitere Tupfer, z. B. einen Vogel?

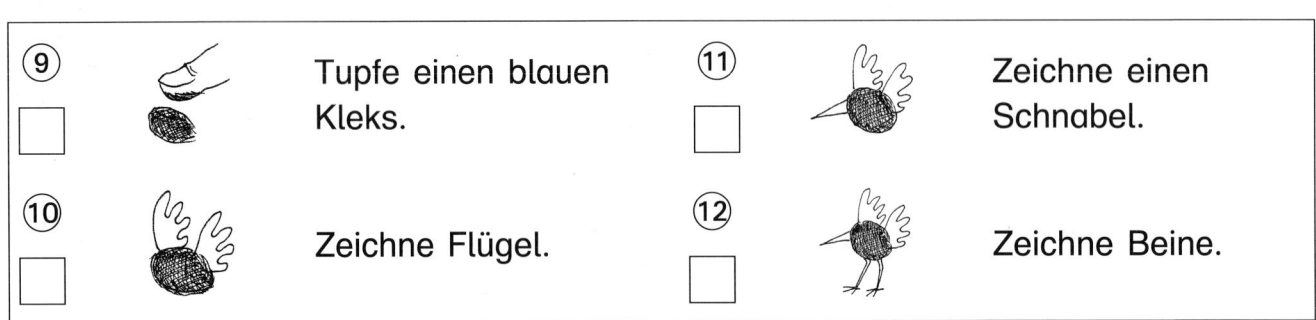

9. Tupfe einen blauen Kleks.
10. Zeichne Flügel.
11. Zeichne einen Schnabel.
12. Zeichne Beine.

13. **Nicht vergessen: Aufräumen!**

Kopiervorlage: Ein Laubbaum im Frühling

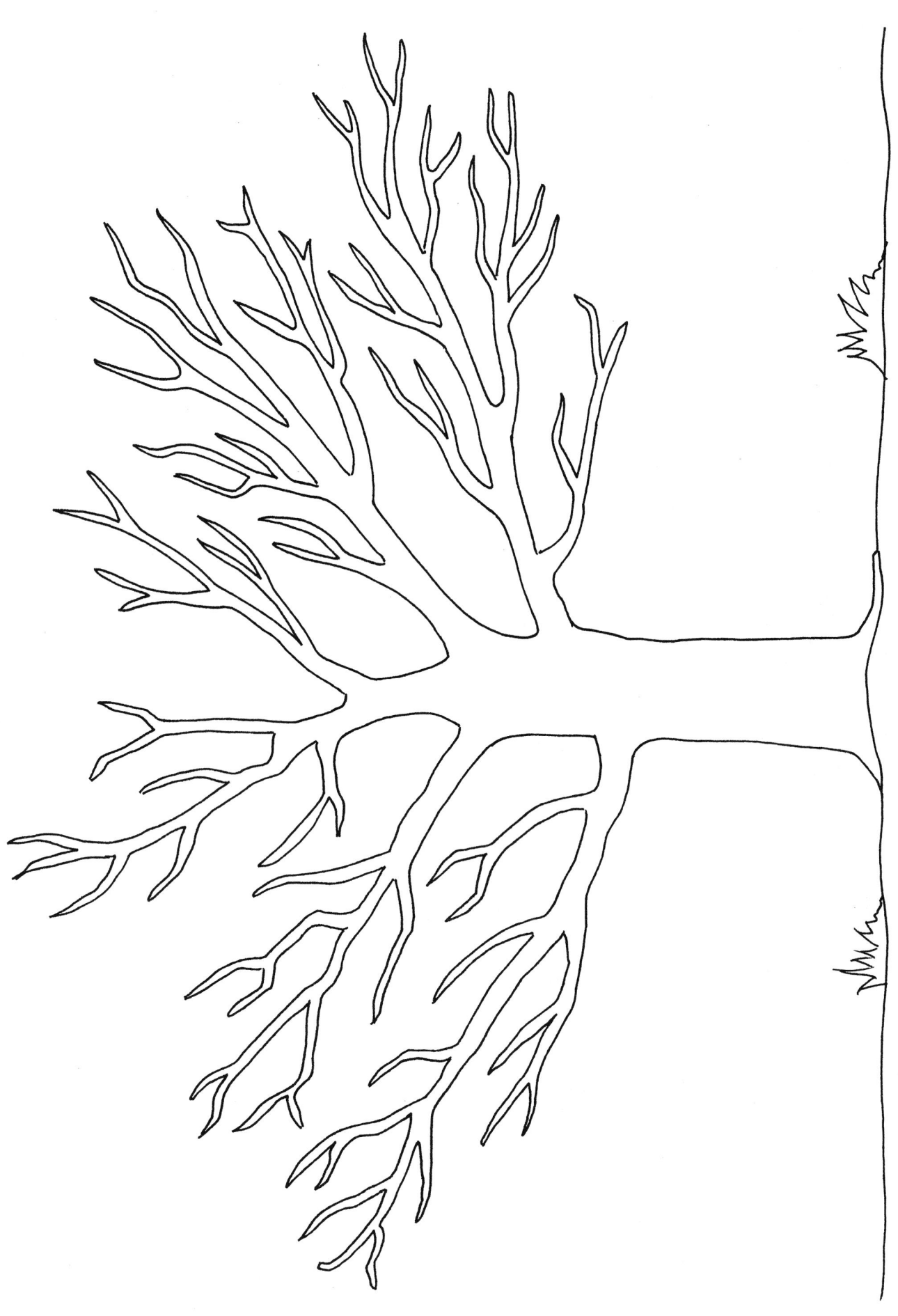

Kopiervorlage: Ein Laubbaum im Frühling – Alternative

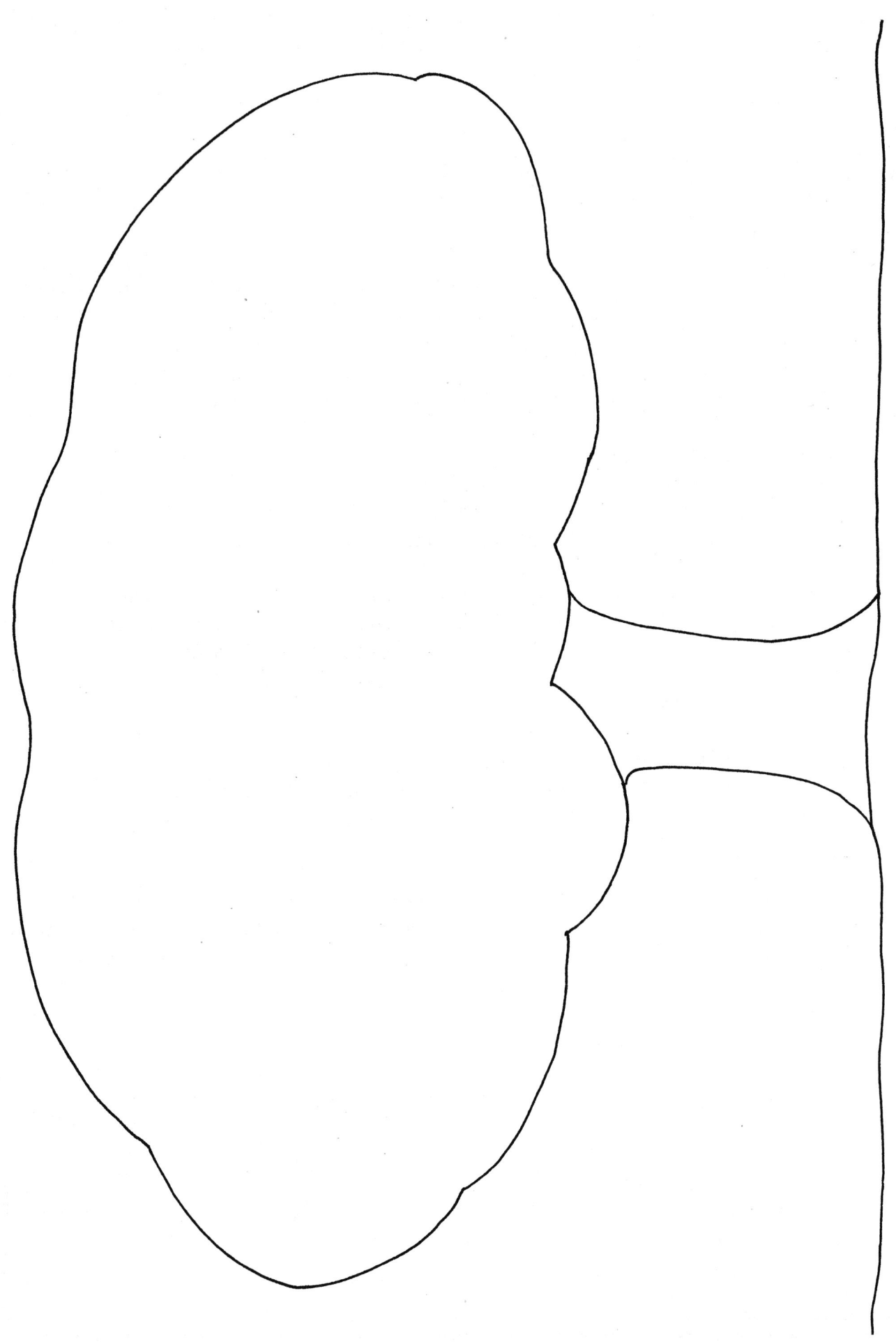

Die neue Frühjahrskollektion

Du brauchst:

- 1 Blatt weißen Tonkarton (DIN A4)
- Stoffreste
- Schere
- Klebstoff
- Buntstifte

Bastelanleitung:

Vor dir siehst du die Models, die die neue Frühjahrskollektion vorstellen wollen.
Schau genau hin, sie tragen alle deine Kollektion in leuchtenden Frühlingsfarben.
Es gibt viele Grün- und Gelbtöne zu sehen. Die Stoffe sind leicht und geschmeidig.
Du bist die neue Star-Designerin bzw. der neue Star-Designer und hast die Kleidung entworfen.

- Übertrage die Kopiervorlage auf den Tonkarton.
- Schneide die Models mit der Schere aus.
- Gestalte dann aus den Stoffresten Kleidungstücke in den Farben und Mustern deiner Wahl und kleide die Models für den Laufsteg an. Klebe dazu die Kleidungsstücke auf die einzelnen Figuren.
- Denke daran, dass die Models auch Hüte, Mützen und Handtaschen oder kleine Rucksäcke tragen können. Auch eine Brille oder ein Schirm können nicht schaden.
- Abschließend kannst du die Models anmalen, damit sie nicht so blass sind. Auch passende Frisuren sowie Hüte, Mützen oder Schals kannst du den Figuren noch aufkleben.

Haben Frühjahrskollektionen von bekannten Designern Namen?
Manchmal haben Kleidungsstücke bestimmte Namen wie Model „Frühlingswind".
Denke dir ein passendes Motto für deine Kollektion aus.

Modenschau:
Wenn alle Models fertig eingekleidet sind, könnt ihr ein paar Tische aneinanderrücken,
als Laufsteg, und eure Models darauf platzieren. Jetzt habt ihr Zeit, euch einmal alle Kreationen
genau anzuschauen. Lauft dazu den Laufsteg ab und betrachtet kritisch die Kollektionen der
anderen Designer.
Abschließend werden die einzelnen Kollektionen von den jeweiligen Designern vorgestellt.
Dazu können die Models hochgehalten und beschrieben werden.

	Vorbereitung	**Projekt**
	10 Minuten	1–2 Stunden

Lernziele: Textiles Gestalten (Experimentieren und Erproben von unterschiedlichen Materialien sowie deren Zusammenspiel und Wirkung, Verbindung von Textilem und Nichttextilem, Erproben von Werkzeugen zur Textilbearbeitung)

Präsentation der Arbeitsergebnisse, Beschreibung künstlerischer Gestaltungsformen

Hinweis: Für die Lernschwächeren reicht es ggf. aus, wenn sie ein Model ausschneiden und gestalten.

Die neue Frühjahrskollektion

Du brauchst:

- 1 Blatt Tonkarton (DIN A4)
- Stoffreste
- Buntstifte
- Schere
- Klebstoff
- Fineliner (schwarz)

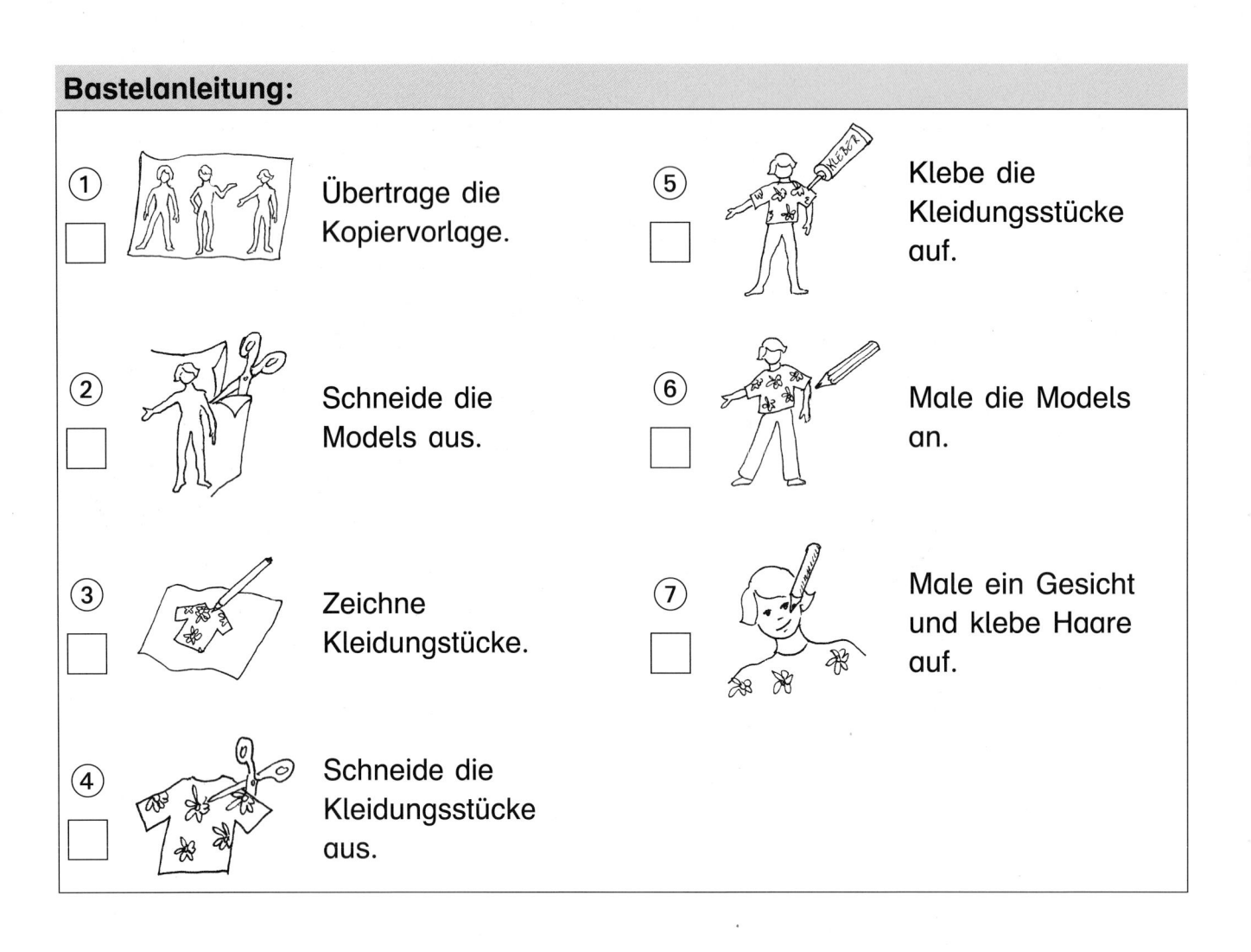

Bastelanleitung:

1. ☐ Übertrage die Kopiervorlage.
2. ☐ Schneide die Models aus.
3. ☐ Zeichne Kleidungstücke.
4. ☐ Schneide die Kleidungsstücke aus.
5. ☐ Klebe die Kleidungsstücke auf.
6. ☐ Male die Models an.
7. ☐ Male ein Gesicht und klebe Haare auf.

8. ☐ **Nicht vergessen: Aufräumen!**

Kopiervorlage: Die neue Frühjahrskollektion

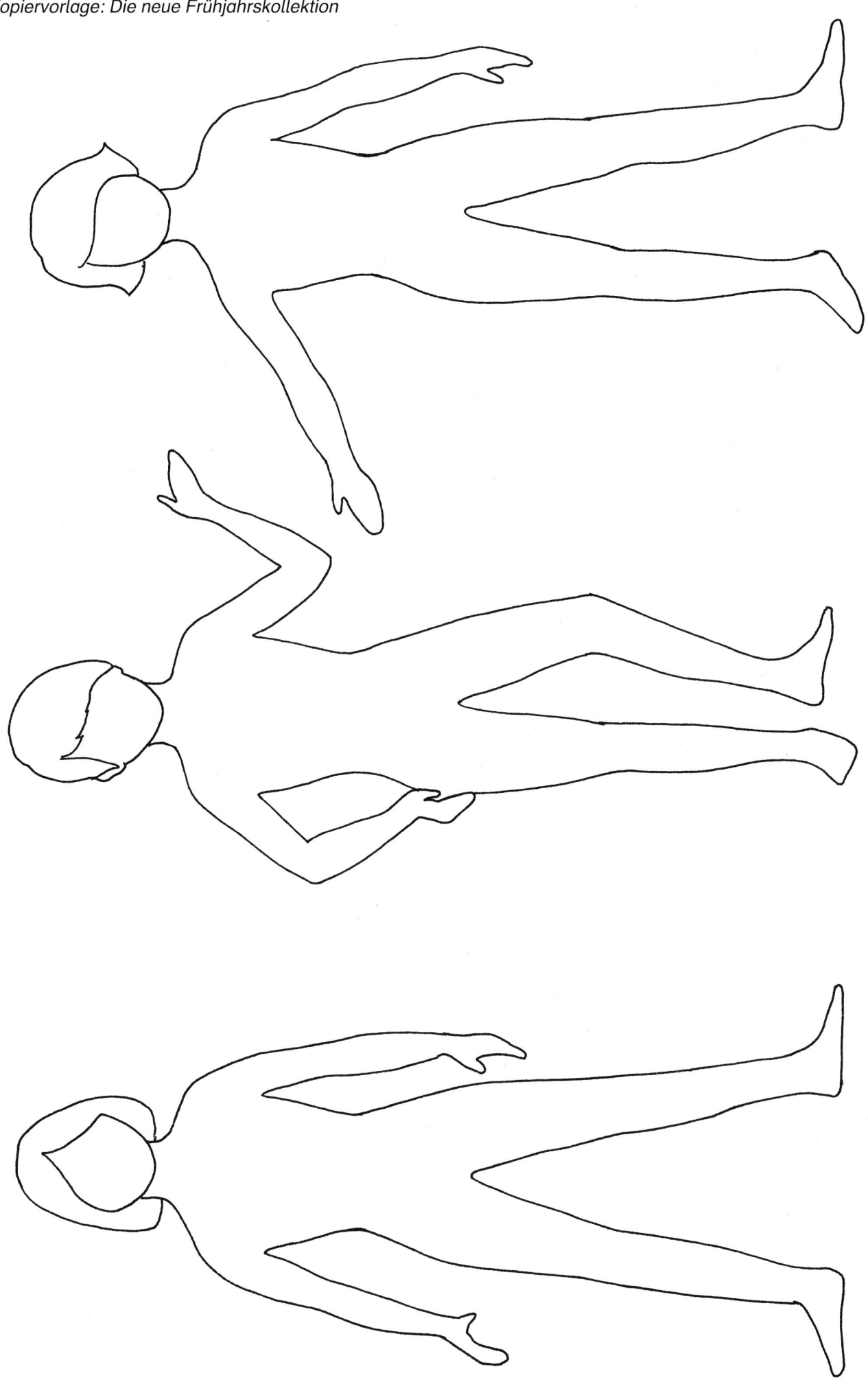

Jochen Schmidt: Jahreszeitliches Basteln und Gestalten – Frühling
© Persen Verlag

Nach einem April-Schauer

 Du brauchst:

- 1 Blatt Papier (DIN A4)
- 1 Schuhkarton oder Pappkarton mit Deckel
- Abtönfarbe (grau)
- Pinsel/Schwamm
- Schere, Klebstoff, Cutter/Prickelnadel
- Zeitungen
- Gegenstände, die im Gully landen (z. B. ein Schlüssel, ein Stift, etwas Kleingeld …)

 Bastelanleitung:

- Übertrage die Kopiervorlage des Gully-Deckels auf den Deckel des Kartons.
- Schneide mit der Schere (oder dem Cutter) Öffnungen in den Deckel.
- Male den Karton und den Deckel mit Pinsel oder Schwamm von innen und außen grau an.

Fertig ist der Deckel!

- Überlege nun, welche Dinge in den Gully gefallen sein könnten. Ist jemandem ein Schlüsselbund, das Portmonnee, etwas Kleingeld oder ein Stift in den Gully gefallen? Vielleicht liegt darin ja auch ein kleines Papierschiffchen, das ein Kind im Rinnstein hat fallen lassen? Oder liegt dort ein Knopf?

Deiner Fantasie sind keine Grenzen gesetzt.

- Fülle den Gully mit Gegenständen, die dort hineingeraten sein könnten. Vielleicht hast du ja einen alten Schlüssel, den du nicht mehr benötigst. Du kannst auch eine Münze (nur zum Ausprobieren – später nicht vergessen!) oder einen Stift hineinlegen. Dinge, die du nicht als echte Gegenstände hast, kannst du aus Zeitungen ausschneiden, auf Pappe kleben und dann in den Gully legen.

Wenn dein Gully-Objekt fertiggestellt ist, kannst du deine Mitschüler einmal in den Gully hineinschauen lassen, damit sie erraten, was dort hineingefallen ist. Wenn es im Gully trotz Tageslicht zu finster ist, müsst ihr eine Taschenlampe zu Hilfe nehmen. Na, könnt ihr alle Gegenstände entdecken und korrekt zuordnen? Vielleicht gelingt es ja auch, den einen oder anderen Gegenstand herauszufischen?!

 Wichtig: Der Gully muss dabei fest auf dem Boden oder Tisch stehengelassen werden. Kein Gegenstand darf einfach „herausgeschüttelt" werden.

		Vorbereitung	Projekt
		10 Minuten	1–2 Stunden
Lernziele: Räumliches Gestalten, kreatives Gestalten (Experimentieren und Erproben von Perspektiven, Sammeln von Material mit unterschiedlichen Eigenschaften, Bauen mit Alltagsmaterialien und Fundstücken, Planen und Konstruieren fantastische Räume)			

Kopiervorlage: Nach einem April-Schauer

„Ich seh' da was durchs Schlüsselloch!"

 Du brauchst:

- 1 Blatt Papier (DIN A4)
- 1 Stück feste Pappe (DIN A4)
- 1 Schuhkarton oder Pappkarton mit Deckel
- Möbelkatalog, Fotos von Möbeln
- 4 mm Holzleiste, ca. 20 cm (Balsaholz)
- Schere, Klebstoff, Cutter/Prickelnadel

 Bastelanleitung:

 Wichtig: Das Schlüsselloch darf bei dieser Bastelaufgabe nicht zu groß sein. Teste zunächst auf einem Blatt Papier, wie groß das Schlüsselloch für deinen Karton sein darf. Das Schlüsselloch sollte groß genug sein, dass man hindurchspähen kann, aber nicht zu groß, sodass man gleich den gesamten Inhalt der Box erkennen kann.

- Übertrage die Kopiervorlage für das Schlüsselloch frei Hand auf den Schuhkarton.
- Wenn das zu schwierig ist, kannst du die Kopiervorlage zunächst auf ein Blatt Papier übertragen, ausschneiden und dann auf den Schuhkarton kleben.
- Schneide das Schlüsselloch wie in der Skizze abgebildet in den Schuhkarton.
- Der Schuhkarton stellt nun den Raum dar, in den du hineinspähen kannst. Er könnte also z. B. wie ein Zimmer eingerichtet sein.
- Sammle aus dem Möbelkatalog Einrichtungsgegenstände in der passenden Größe, die du in deinem Raum platzieren möchtest (Tisch, Stühle, Bett, Schrank, Regal, Lampe, usw.)
- Klebe die Möbelstücke auf die Pappe. Nach dem Ausschneiden sind sie dann stabiler. Damit die Möbelstücke frei im Raum stehen können, werden Sie an der Unterseite (siehe Vorlage) zusätzlich noch mit einer Holzleiste verstärkt.
- Die Balsaholzleisten kannst du dir mit einer scharfen Schere (oder einem Cutter) zurechtschneiden.
- Klebe die Holzleisten dann an der Unterseite auf die Rückseite deiner Möbelstücke.
- An die Rückwand der Box kannst du z. B. eine Tapete oder eine Schrankwand aus dem Möbelkatalog kleben. Auch die Seitenwände (Tapete, Mauerwerk) und den Boden (Teppich) kannst du bekleben.
- Die Möbelstücke kannst du frei im Raum platzieren. Experimentiere mit den Positionen der einzelnen Objekte. Teste hin und wieder mit einem Blick durch das Schlüsselloch, wie sich dein Raum verändert.
- Wenn der Raum fertig eingerichtet ist, kannst du ihn anderen Kindern in deiner Klasse zeigen. Decke dabei zunächst den Karton mit dem Deckel oder einem Heft ab, damit man auch wirklich erst durch den Blick durchs Schlüsselloch erkennen kann, wie der Raum eingerichtet ist.

Viel Spaß beim Einrichten und Dekorieren!

	Vorbereitung	**Projekt**
	10 Minuten	2–3 Stunden

Lernziele: Räumliches Gestalten, kreatives Gestalten (Experimentieren und Erproben von Perspektiven, Anlegen einer Materialkartei, Bauen mit Materialien unterschiedlicher Eigenschaften, Planen und Konstruieren fantastischer Räume)

Kopiervorlage und Anleitung: „Ich seh' da was durchs Schlüsselloch!"

Skizze

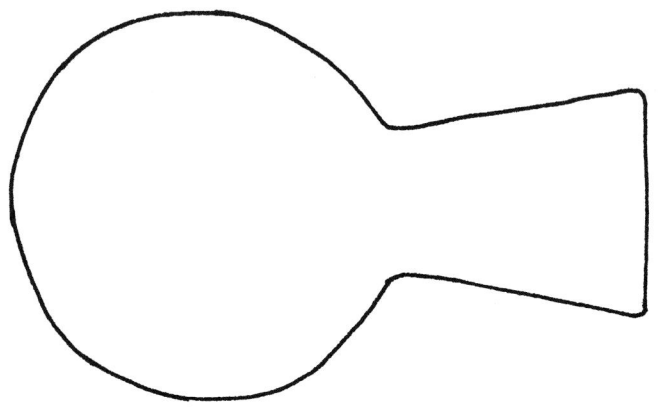

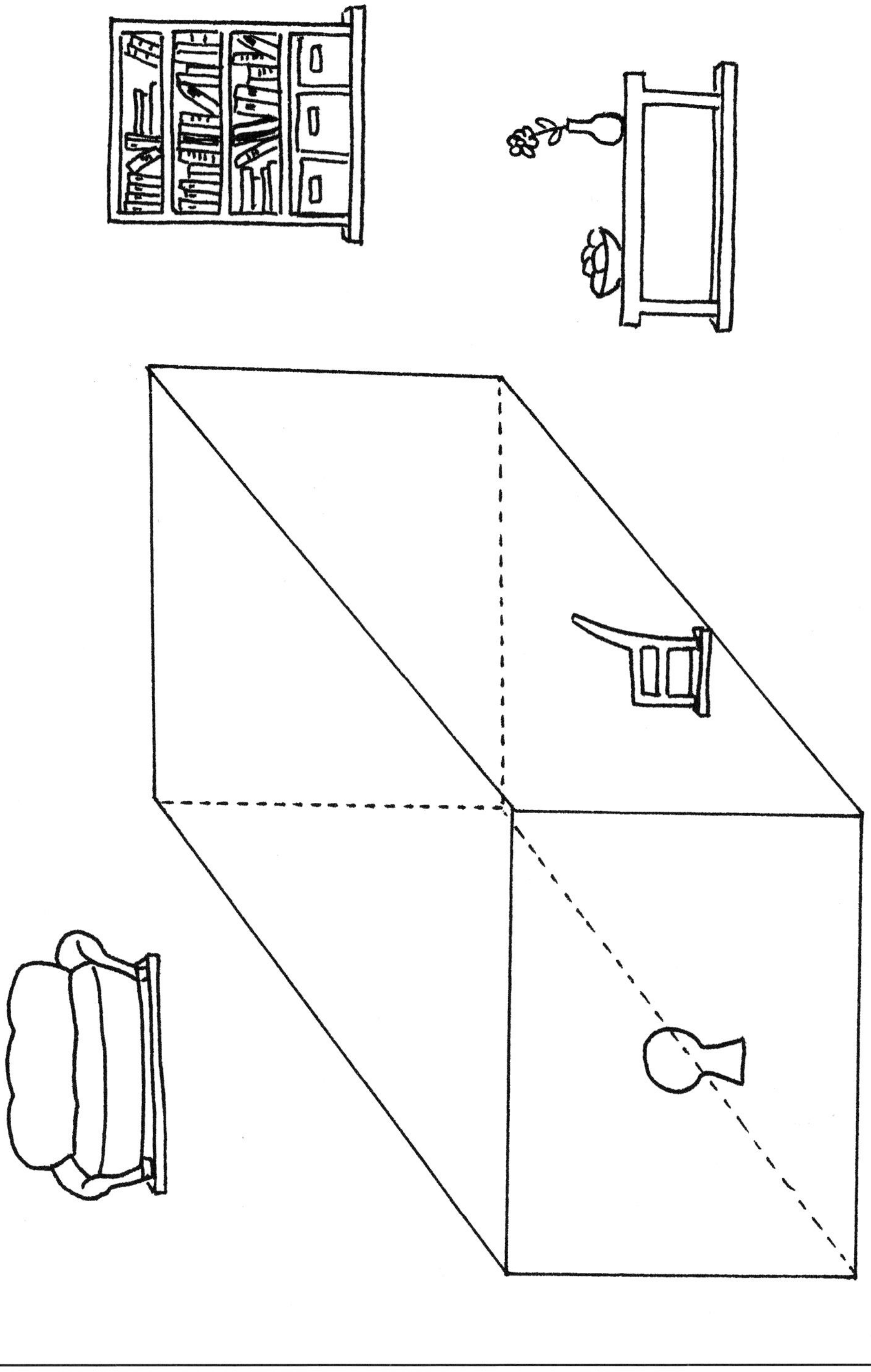

Jochen Schmidt: Jahreszeitliches Basteln und Gestalten – Frühling
© Persen Verlag

„Echt schick! Meine neue Frühjahrsbrille"

 Du brauchst:

- dicke, aufgepolsterte Pappe (etwa DIN A4, zum Beispiel ein Stück aus einem alten (Umzugs)Karton)
- Bleistift
- Schere (oder Cutter)
- Gummiband (20 cm)
- Klarsichtfolie

je nach „Modell":
- Abtönfarbe
- Glitzersteine
- Nadel und Faden
- Filzstift oder Buntstifte
- Motivpapier/Geschenkpapier und Kleister

 Bastelanleitung:

- Übertrage die Kopiervorlage in der entsprechenden Größe auf die Pappe. Teste vorher mit einem Blatt Papier, wie groß die Brille für dein Gesicht sein muss.
- Schneide die Brille mit der Schere oder dem Cutter aus.
- Knicke die Bügel der Brille nach innen und teste, ob die Brille gut sitzt.
- Wenn die Brille von der Nase rutscht, kannst du das Gummiband an den Bügelenden befestigen.

Verziere deine Brille nach deiner Vorstellung!
Zum Beispiel:
- Male die Brille mit der Abtönfarbe, den Filzstiften oder Buntstiften farbig an.
  oder
- Sticke mit Nadel und bunten Fäden Muster durch die Pappe.
  oder
- Klebe Glitzersteine auf deine Brille
  oder
- Klebe Motivpapier oder Geschenkpapier mit Kleister an die Brille

		Vorbereitung 10 Minuten	**Projekt** 1 Stunde

Lernziele: Grafisches Gestalten (Erstellen Spielobjekte oder Verkleidungsobjekte aus unterschiedlichen Materialien, Verkleiden und Schmücken sich selbst)

Hinweise: Die einzelnen Brillen können abschließend in einer Modenschau in der Klasse gemeinsam vorgeführt werden. Auch eine Fotosession, in der die Brillen in Szene gesetzt werden, kommt bei Schüler gut an. Vielleicht denken Sie auch an einen Wettbewerb zur stylischsten Brille und küren gemeinsam mit der Klasse die Top 5 Designerinnen und Designer.

Leistungsstärkere Schüler können ohne KV arbeiten und eine Brille frei Hand zeichnen. Alternativ könnten die Schüler auch ein Blatt Papier mittig falten, eine halbe Brille zeichnen (Wichtig: an den Brillensteg denken) und ausschneiden. Dadurch würde ein „Schnittmuster" angefertigt, das dann anschießend auf die Pappe übertragen werden kann.

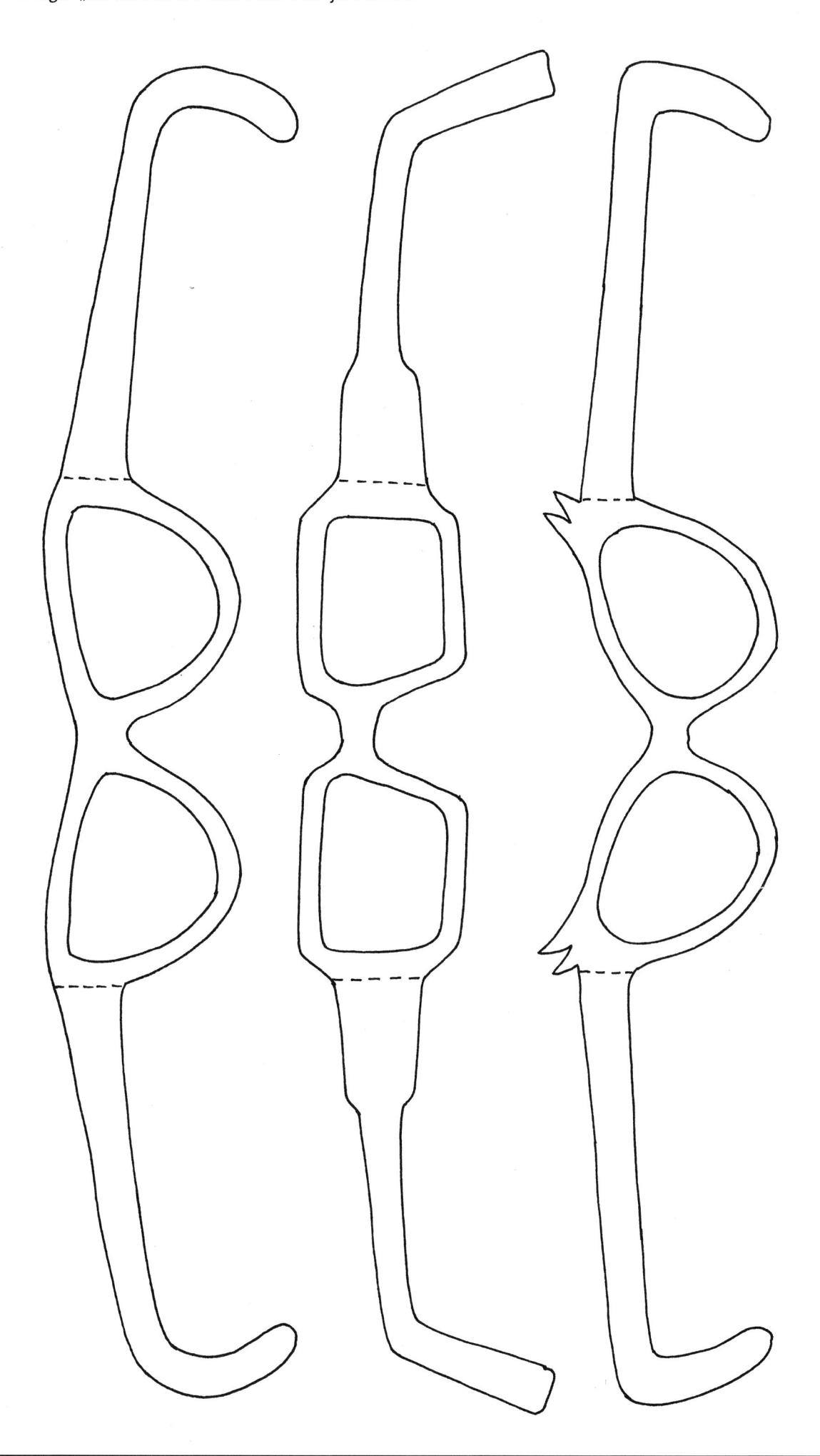

Kopiervorlage: „Echt schick! Meine neue Frühjahrsbrille"

Filzpiratin und Filzpirat

Du brauchst:

- 1 Blatt stabile Pappe (DIN A4, weiß)
- Filzreste in unterschiedlichen Farben
  (z. B. schwarz, rot, blau, grün, braun, weiß, hautfarben, gelb, orange)
- Nadel und Faden
- Schere
- Filzstift, Textilstift (rot, schwarz)

Bastelanleitung:

- Übertrage die einzelnen Vorlagen für die Körperteile und Kleidungsstücke für die Filzpiratin bzw. den Filzpiraten auf die Filzreste. Deiner Vorstellung für die unterschiedlichen Farben sind dabei keine Grenzen gesetzt.
- Schneide die Körperteile und Kleidungsstücke gemäß der Vorlage aus.
- Du kannst dich entscheiden, ob deine Figur zwei Hände haben soll oder einen Piratenhaken als Arm, ob zwei Stiefel getragen werden oder ob die Figur auch ein Holzbein hat. Vielleicht hat deine Piratin bzw. dein Pirat ja auch eine Narbe oder einen Bart?
- Lege deine Filzpiratin bzw. deinen Filzpiraten zunächst einmal lose zusammen und überlege, ob dir deine Auswahl auch gut gefällt.
- Im Anschluss daran nähst du deine ausgewählte Figur mit Nadel und Faden auf den Pappkarton. Achte darauf, dass auch genug Platz ist und deine Figur in der Mitte des Bildes aufgenäht wird.
- Mit dem Filzstift kannst du deine Piratin bzw. deinen Piraten noch ein hübsches, grimmiges oder fröhliches Gesicht malen.

Und jetzt solltest du dir noch einen passenden Namen für die Piratin oder den Piraten ausdenken. Schreibe ihn sorgfältig und gut lesbar unter die Figur.

	Vorbereitung	Projekt
	10 Minuten	1–2 Stunden

Lernziele: Textiles Gestalten (Erproben experimenteller Arbeitsverfahren, Erkunden des Zusammenspiels unterschiedlicher Arbeitsmaterialien und Werkzeuge, Herstellen von Gegenständen und Objekten auf Basis unterschiedlicher (textiler) Materialien)

Hinweise: Als Vorbereitung für diese Art von Kunstarbeit sollte bereits im Vorfeld das Material gesammelt werden. Filz- und Stoffreste fallen bei vielen Arbeiten und Bastelprojekten an und sollten nicht einfach weggeworfen werden. Es lohnt sich, einfach eine Kiste zum Sammeln anzulegen und stets daran zu denken, entsprechende Reste darin aufzubewahren.

Auch Schülereltern können gebeten werden, entsprechende Materialkisten für Ihre Kinder anzulegen. Dies kann z. B. zu Beginn des Schuljahres mitgeteilt werden. Dies unterstützt auch dabei, die Kosten für den Kunstunterricht möglichst gering zu halten.

Kopiervorlage: Filzpiratin und Filzpirat

Jochen Schmidt: Jahreszeitliches Basteln und Gestalten – Frühling
© Persen Verlag

Mein Bucheinband

Du brauchst:

- 1 Stück Stoff (ca. 8–10 cm breiter als dein Buch, oben und unten 1 cm Nahtzugabe)
- Nähgarn und Nadel
- Nähkreide
- Kreppklebeband
- weitere Stoffreste bzw. Filz
- weißen Stoff oder Filz für das Namensschild
- Stoffmalstift oder Kugelschreiber

Bastelanleitung:

Bucheinband

- Das Buch, das du einbinden möchtest, sollte einen festen Einband haben. Schlage das Buch in der Mitte auf.
- Lege das Buch auf den Stoff.
- Zeichne mit der Kreide die Umrisse des Buches auf den Stoff.
- Füge an der linken und rechten Buchseite einen Rand von jeweils 4–5 cm hinzu (siehe Vorlage).
- Falte die überstehenden Ränder nach innen und fixiere sie mit mehreren Streifen Kreppklebeband.
- Teste, ob du das Buch gut schließen kannst. Wenn nicht, musst du die Klebestreifen an den Rändern lösen und den Einband etwas lockerer wieder festkleben. Teste so lange, bis sich das Buch gut öffnen und schließen lässt.
- Nähe nun, wie auf der Vorlage zu sehen, die Laschen fest.
- Nimm das Buch aus dem fast fertigen Einband.

Namensschild und Verzierung

- Schneide ein rechteckiges Stoffstück aus (circa 5 × 12 cm) und nähe es als Namensschild auf die Vorderseite deines Bucheinbands.
- Beschrifte das Schild mit einem Stoffmalstift oder einem Kugelschreiber.
- Wähle Muster und Symbole aus und verziere damit deinen Einband.
- Wenn dir eigene Muster oder Symbole einfallen, kannst du auch diese verwenden.

	Vorbereitung	Projekt
L	10 Minuten	1–2 Stunden

Lernziele: Textiles Gestalten (Erproben von Materialien und Materialverbindungen, Herstellen von alltagspraktischen Gegenständen und Objekten)

Wichtig: Bitte die Kopiervorlage von Seite 64 für die Motivauswahl zur Verfügung stellen.

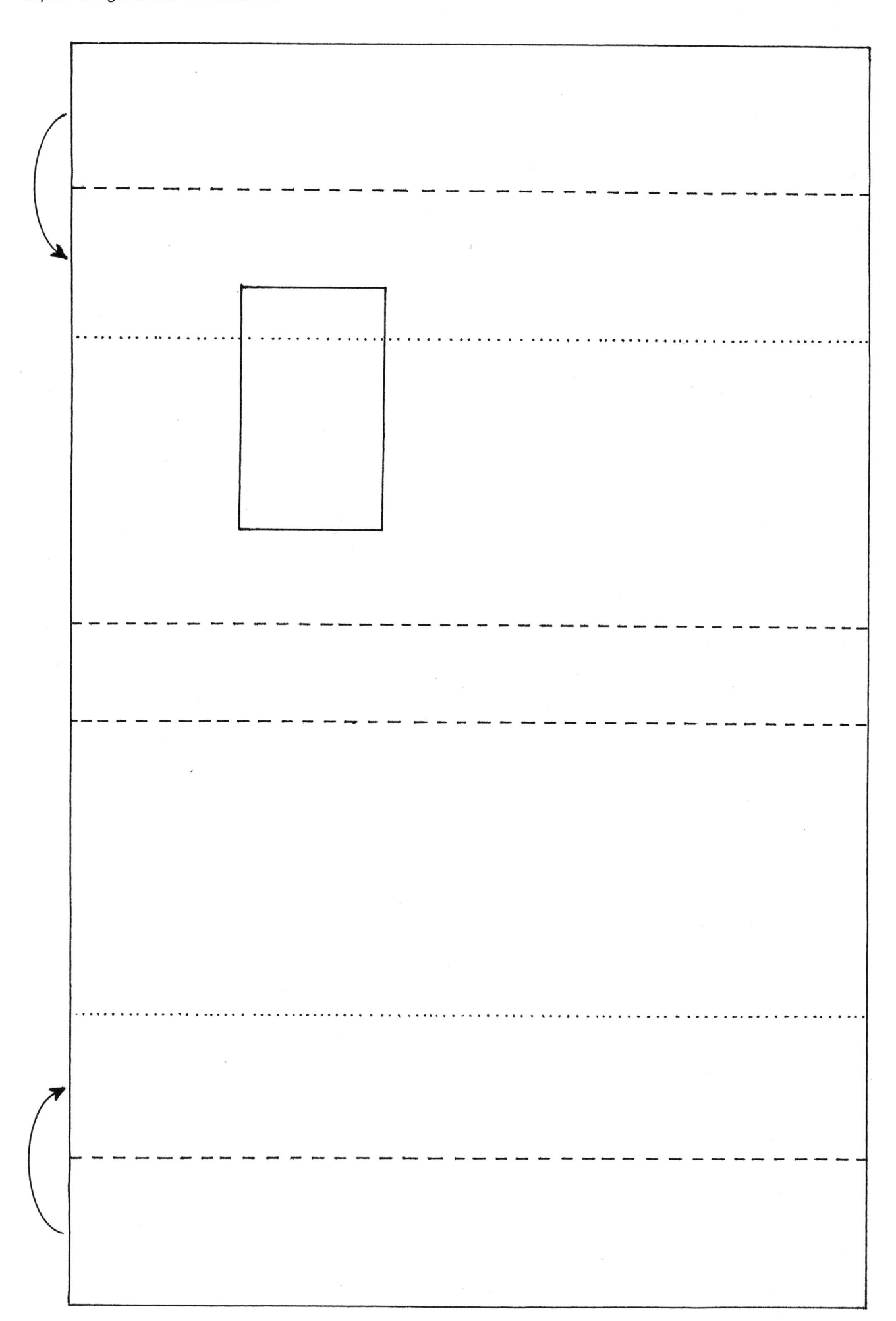

Kopiervorlage: Mein Bucheinband

Lustige Eierköppe!

Du brauchst:

- 1 Blatt weißes Tonpapier (DIN A4)
- Schere
- Klebstoff
- Buntstifte
- Fineliner (schwarz)

Bastelanleitung:

- Übertrage die Kopiervorlage auf das Tonpapier.
- Male die einzelnen Kopfbedeckungen bunt an.
- Schneide sie aus.
- Klebe die Kopfbedeckungen an der Klebestelle zusammen.
  Und schon hast du lustige Kopfbedeckungen für deine Frühstückseier.
- Mit dem Fineliner kannst du den Eiern noch passende Gesichter aufmalen.

Dann sind die lustigen Eierköppe wirklich fertig!

Alternativen:
- Du kannst die Kopfbedeckungen auch bekleben und dekorieren.
- Mit kleinen Strass-Steinchen kannst du die Kronen verschönern.
- Ein goldener Stern kann auf den Zauberhut geklebt werden.

L		Vorbereitung 10 Minuten	Projekt 1 Stunde

Lernziele: Räumliches Gestalten, farbiges Gestalten (Verwandeln von Dingen/Eindrücken aus dem täglichen Leben, Umsetzung in kreative Fantasiegebilde, Herstellung einfacher nicht-figürlicher Objekte)

Hinweise: Egal ob für das gemeinsame Klassenfrühstück oder als lustige Idee zu Ostern, die Hüte für die gekochten Eier eigenen sich hervorragend, um Spaß in das gemeinsame Frühstück zu bringen.

Das Basteln der Hüte ist so einfach, dass die Schüler völlig eigenständig arbeiten können.

Ermutigen Sie Ihre Schüler, auch eigene Hüte für die „lustigen Eierköppe" zu gestalten.

Kopiervorlage: Lustige Eierköppe!

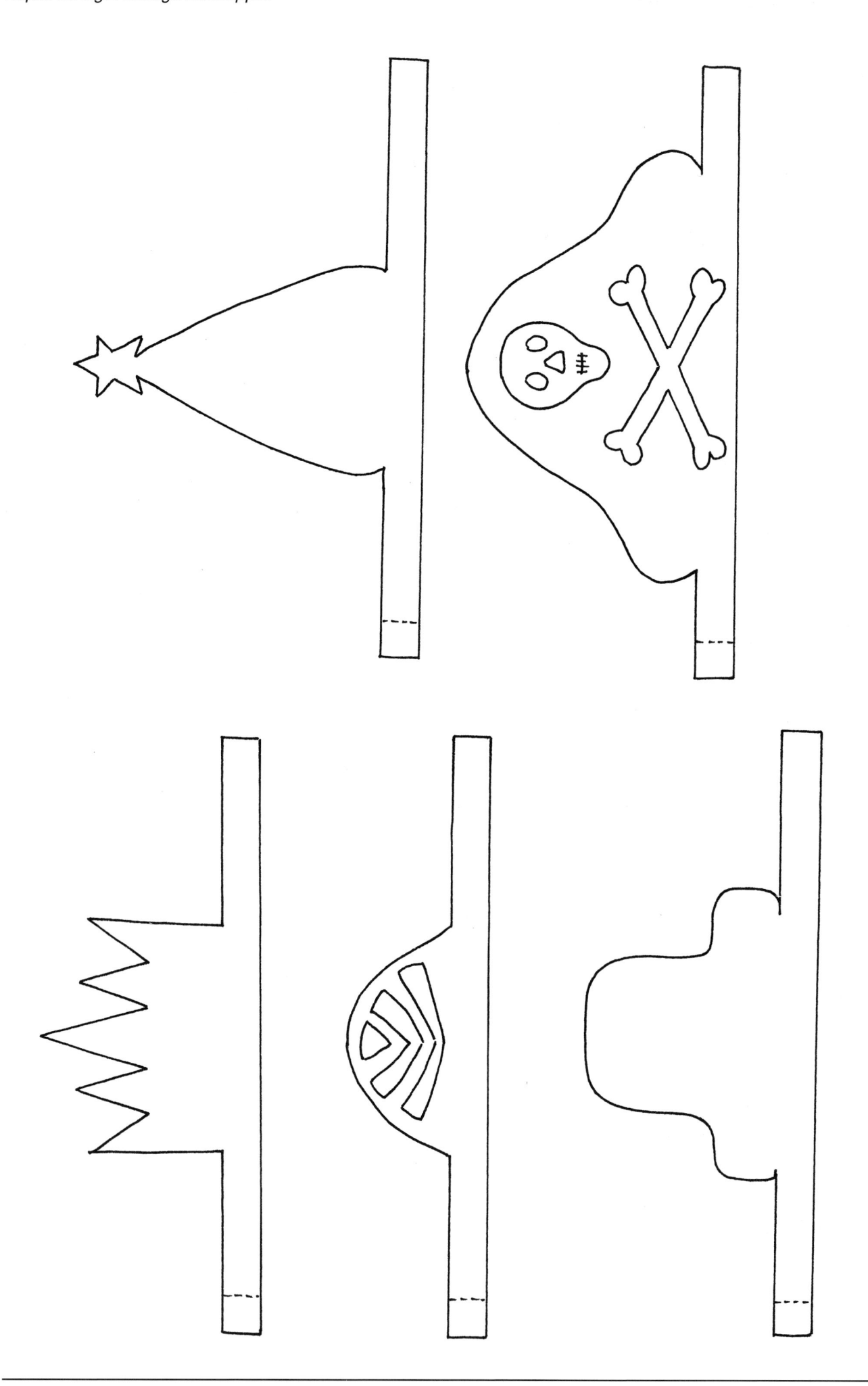

Jochen Schmidt: Jahreszeitliches Basteln und Gestalten – Frühling
© Persen Verlag

Blumenmobile im Regen

Du brauchst:

- farbigen Tonkarton (Reste in möglichst vielen verschiedenen Farben)
- Stoff oder Filz (Reste in möglichst vielen verschiedenen Farben)
- 2–3 kleine Äste (20 cm) oder Rundhölzer (Balsaholz, 5 mm)
- Nähgarn oder Angelschnur
- Schere
- Klebstoff

Bastelanleitung:

- Übertrage die Vorlagen für die Blüten und die Blütenstempel auf die Reststücke vom Tonkarton, Stoff und Filz.
- Schneide die Blüten und Blütenstempel mehrfach aus.
- Gestalte aus den unterschiedlichen Materialien und in verschiedenen Farben nun einzigartige Blüten.
- Klebe dazu die Blüten auf einen Blütenstempel auf. Klebe den zweiten Mittelpunkt noch nicht auf die fast fertige Blüte.
- Übertrage die Vorlage für die Regentropfen auf den blauen Tonkarton und schneide die Tropfen aus. Du brauchst jeden Tropfen mindestens zwei Mal.
- Für die Blumen-Regentropfenketten schneidest du nun das Nähgarn bzw. die Angelschnur in entsprechender Länge zu.
- Lege die Blüten und Regentropfen in einer Linie auf deinen Arbeitsbereich.
- Lege die Schnur entsprechend darüber. Klebe nun die Tropfen und Blüten so zusammen, dass die Schnur in der Mitte festgeklebt wird.
- Fertige mehrere Blumen-Regen-Ketten an und hänge sie an die kleinen Äste oder die Rundhölzer.
- Achte darauf, dass die unterschiedlich langen Ketten im Gleichgewicht hängen.
- Verbinde die einzelnen Äste und Rundhölzer ebenfalls mithilfe des Garns bzw. der Angelschnur.

	Vorbereitung	Projekt
	10 Minuten	1–2 Stunden

Lernziele: Farbiges Gestalten, kreatives Gestalten (Erprobung und Anwendung verschiedener Arbeitstechniken, Anwendung unterschiedlicher Farben und Farbkombinationen im eigenen Schaffens- und Gestaltungsprozess)

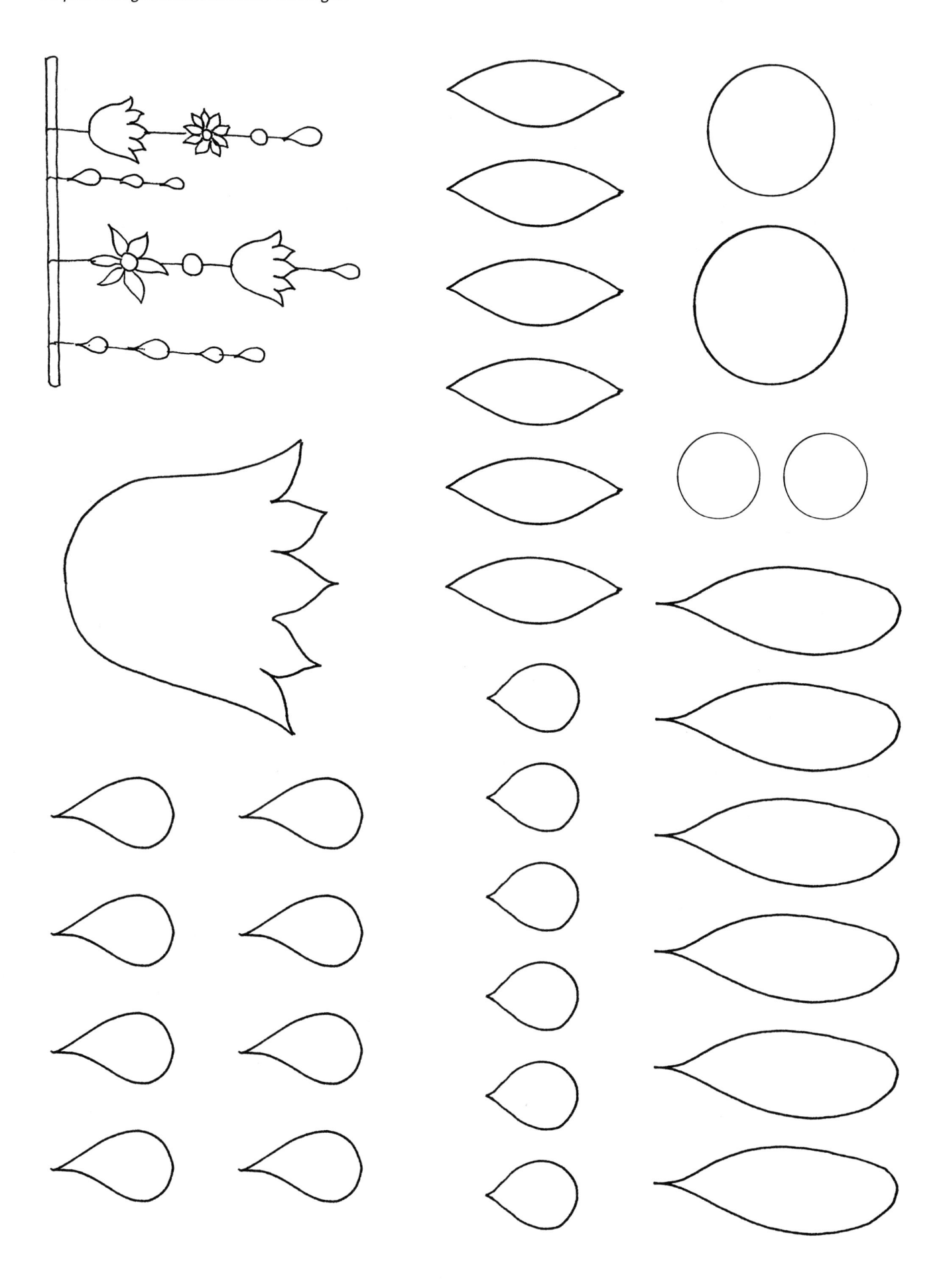

Kopiervorlage: Blumenmobile im Regen

Jochen Schmidt: Jahreszeitliches Basteln und Gestalten – Frühling
© Persen Verlag

Osterhasentanz

Du brauchst:

- 1 Blatt braunes Tonpapier (DIN A4)
- Wachsmalstift (hellbraun)
- Schere
- Klebstoff
- Fineliner (schwarz)
- etwas Papiergras (50 g)

Bastelanleitung:

- Übertrage die Kopiervorlage der Hasenkette auf das braune Tonpapier.
- Schneide die Hasenkette aus.
- Male den Osterhasen mit dem Fineliner ein Gesicht.
- Male die Innenseite der Ohren sowie die Arme hellbraun an.
- Wenn du magst, kannst du den Hasen auch frei Hand einen hellbraunen Bauch malen.
- Falte die Osterhasenkette entlang der gestrichelten Linie.
- Trage Klebstoff auf die Klebefalz auf und klebe den Osterhasentanz zusammen.
- Wenn der Klebstoff angetrocknet ist, ist die Tischdekoration fertig.
- Fülle etwas Papiergras in die Mitte. Darin kannst du nun z. B. kleine Schokoladen-Ostereier dekorieren.

L	Vorbereitung	Projekt
	10 Minuten	1 Stunde

Lernziele: Räumliches Gestalten, farbiges Gestalten (Herstellung einfacher nicht-figürlicher Objekte, Verwendung und Kombination unterschiedlicher Arbeitsmaterialien und Werkverfahren)

Hinweis: In Kombination mit den „leuchtenden Ostereiern" ergibt sich eine schöne Tischdeko zu Ostern. Aber auch als Geschenk eignet sich der „Osterhasentanz".

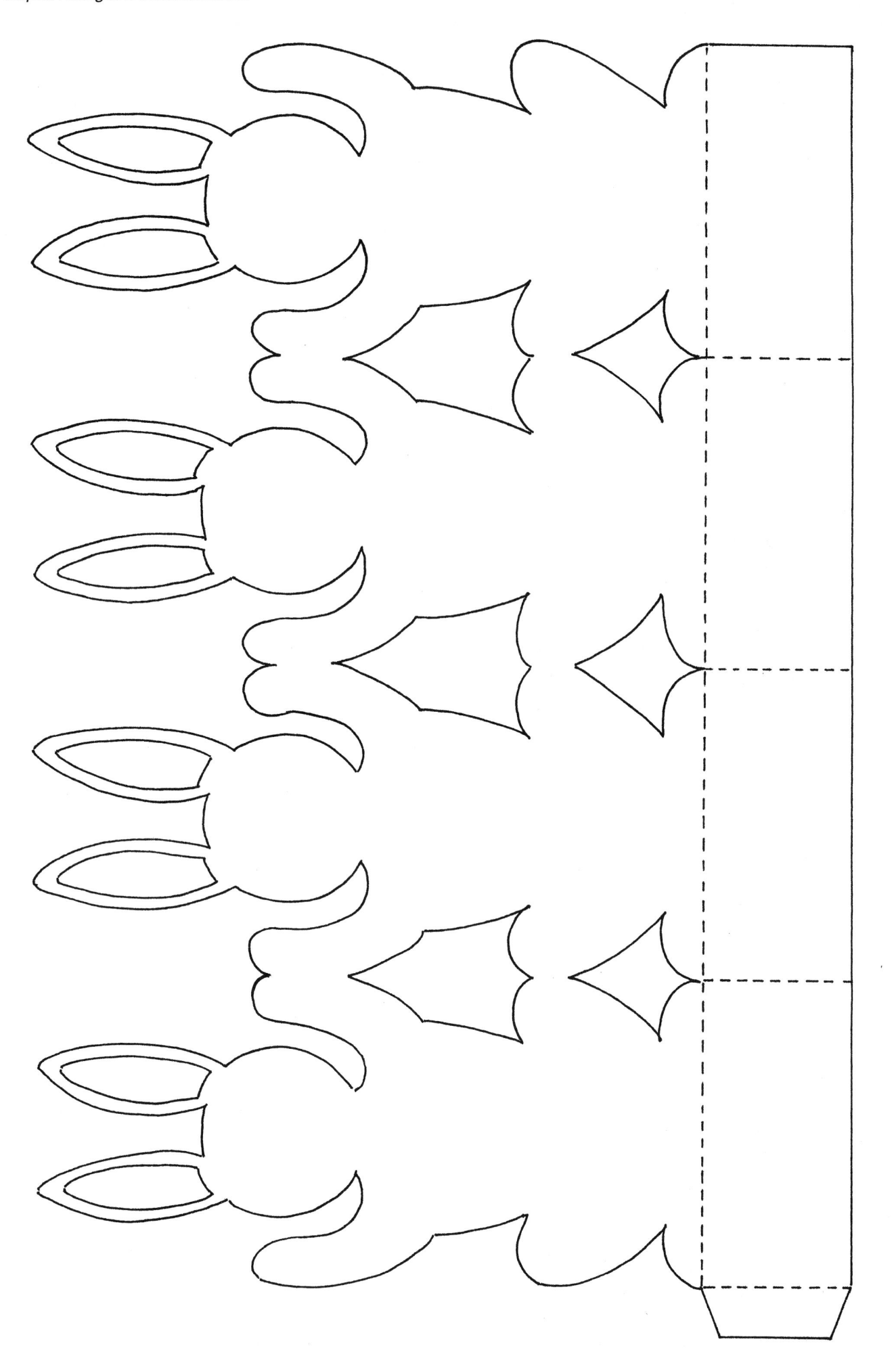

Kopiervorlage: Osterhasentanz

Jochen Schmidt: Jahreszeitliches Basteln und Gestalten – Frühling
© Persen Verlag

Korkenschiffe auf großer Fahrt

Du brauchst:

- 1 Reststück weißes Papier
- 1 Reststück braunen Tonkarton
- mehrere halbierte Korken
- Zahnstocher
- Klebstoff
- Metallschrauben (in der Anzahl der Schiffchen)
- Kneifzange
- einen kleinen Hammer
- Schraubenzieher
- Fineliner (schwarz)
- Buntstifte

Bastelanleitung:

- Nimm einen halbierten Korken zur Hand. Die abgerundete Seite ist der Rumpf (Unterseite) deines Schiffes. Die flache Seite ist das Deck (Oberseite), die Vorderseite ist der Bug, die Rückseite ist das Heck des Schiffes.
- Halbiere einen Zahnstocher mit der Kneifzange.
- Klopfe beide Teile mit dem Hammer als Masten in das Deck deines Korkenschiffes.
- Übertrage dir die Kopiervorlage für den Bug des Schiffes auf den braunen Tonkarton und schneide ihn aus.
- Klebe den Bug in die kleine Kerbe an der Vorderseite des Korkens.
- Übertrage die Kopiervorlage für die Segel auf das Papier.
- Schneide die Segel aus.
- Male die Segel farbig an.
- Klebe die Segel an die Masten.
- Drehe die Schraube von unten mittig in den Schiffsrumpf. Die Schraube ist der Kiel des Schiffes.
- Lasse den Kopf der Schraube 5–6 mm herausstehen. Dann schwimmt das Schiff besser gerade im Wasser.
- Mit dem Fineliner kannst du noch Bullaugen auf das Schiff aufmalen.
- Aus einem Reststück Papier kannst du noch kleine Fahnen für dein Schiff basteln, die du an den Mast klebst.
- Bastle deine eigene Schiffsflotte.

Tipp: Ob deine Schiffe auch schwimmen, kannst du z. B. in einem Suppenteller testen, den du einige Zentimeter mit Wasser füllst.

L	Vorbereitung	Projekt
	10 Minuten	1 Stunde

Lernziele: Räumliches Gestalten (Verwendung und Kombination unterschiedlicher Arbeitsmaterialien und Werkverfahren, Herstellung von Spielobjekten für praktische Erprobung in Spielanlässen)

Hinweise: Die Korken sollten im Vorfeld von den Eltern für die Schüler gesammelt werden. Alternativ können Bastelkorken auch gekauft werden. Handelsübliche Korken eignen sich jedoch auch ausgezeichnet für das Basteln der Korkenschiffe und sind als „Abfallprodukt" kostenlos.
Die Korken sollten nicht von den Schülern halbiert werden. Da dies mit einem scharfen Messer (z. B. einem Brotmesser) oder einer kleinen Handsäge geschehen sollte, ist es sinnvoll, die Eltern zu bitten, die Korken für das Bastelprojekt zu Hause vorzubereiten. Jeder halbierte Korken muss zudem an einer Seite mit einem Messer etwa 4–5 mm tief eingekerbt werden. In diese Schlitze wird später ein Stück Pappe als Bug eingeklebt.
Etwa 6 Korkenhälften reichen für eine „kleine Schiffsflotte".
Die Bastelschritte selbst können von den Schülern eigenständig durchgeführt werden.
Nach Abschluss der Bastelarbeiten sollten die Schiffe gemeinsam „vom Stapel" und zu Wasser gelassen werden. Zum Testen eignet sich für den großen Schiffslauf eine Plastikwanne (z. B. eine Wäschewanne), die einige Zentimeter mit Wasser gefüllt wird.

Kopiervorlage: Korkenschiffe auf großer Fahrt

Bug

Jochen Schmidt: Jahreszeitliches Basteln und Gestalten – Frühling
© Persen Verlag

Fotobox für Objektfotografie

Variante 1: Holz

Du brauchst:

- zwei Holzplatten, ca. 30 × 30 cm (z. B. MDF oder Sperrholz, 5 mm stark)
- Vierkantholz 35 × 4 cm (Kiefer)
- 4 Schrauben
- Holzleim
- schwarzen Filz, ca. 30 × 60 cm
- Schraubenzieher
- Schraubzwinge
- Holzleim

Bastelanleitung:

- Schneide ein 5 cm langes Klötzchen vom Vierkantholz gerade ab.
- Lege das Vierkantholz bündig an die Kante der Werkbank.
- Lege eine Platte bündig auf das Vierkantholz.
- Lege das Klötzchen ans hintere Ende der Platte, damit diese stabil auf der Werkbank liegt.
- Zwinge die Platte auf dem Vierkantholz am Rand der Werkbank fest.
- Schraube zwei Schrauben mittig durch die Platte in das Vierkantholz.
- Wiederhole den Vorgang und schraube die zweite Platte im rechten Winkel an das Vierkantholz.
- Trage jeweils an den äußeren Rand der Platten eine 2 cm breite Spur Leim auf.
- Klebe das Filz so in den Winkel, dass sich in der Spitze eine Kurve bildet. Der Filz darf nicht auf dem Vierkantholz aufliegen (siehe Skizze).

Variante 2: Pappe

Du brauchst:

- einen Pappkarton, ca. 30 × 30 cm
- Filz, ca. 30 × 60 cm
- Schere
- Klebstoff

Bastelanleitung:

- Entferne die vorgegebenen Flächen vom Pappkarton (siehe Skizze).
- Schneide etwas Filz zurecht und klebe es auf die vorgegebenen Flächen (siehe Skizze).
- Trage an der oberen und unteren Innenseite der Box (siehe Skizze) ausreichend Klebstoff auf.
- Klebe den Filz so in die Box, dass sich eine leichte Kurve bildet (siehe Skizze). Der Filz darf nicht bündig im Winkel anliegen.

Fotobox für Objektfotografie

		Vorbereitung	**Projekt**
L		20 Minuten	2–3 Stunden

Lernziele: Gestalten mit technisch-visuellen Medien, räumliches Gestalten (Entwicklung von Raumgefühl, Erprobung des Zusammenhangs von Fotokamera und Objekt, einfachste Einführung in Vorstellung von Perspektiven, Nutzen von Fotokameras zur Dokumentation in Gestaltungs- und Präsentationszusammenhängen)

Hinweise: Mit den Fotoboxen steht den Schülern ein wichtiges Hilfsmittel zur Verfügung, dass sich für jegliche Art von Objektfotografie eignet. Zum einen können die Kinder so ganz einfach und unkompliziert mit einigen Grundtechniken der Fotografie (Perspektive, Beleuchtung, Kameraposition, etc.) vertraut gemacht werden, zum anderen werden sie dazu eingeladen, „Kleinigkeiten" bewusster wahrzunehmen, auf Details zu achten und Dinge ins „rechte Licht" zu rücken. Durch das Platzieren eines Gegenstandes innerhalb der Box wird dieser bewusst in Szene gesetzt.

Die Fotoboxen eigenen sich aufgrund ihrer Größe für kleinere Objekte. Fotografiert werden können darin z. B. kleinere Spielgegenstände, Pflanzen, Steine oder sonstige Gegenstände aus dem Alltag. Aber auch die meisten Bastelobjekte aus diesem Buch lassen sich in der Fotobox ablichten und „verewigen".

Durch den Filz werden ungewollte Schatten verschluckt. Durch Beleuchtung des Objekts mit z. B. Tischlampen, kann dann mit Licht und Schatten am Objekt experimentiert werden.

Unterschiedliche Perspektiven, Frosch- oder Vogelperspektive lassen sich austesten. Close-Up oder Totale können einander gegenübergestellt werden.

Die Schüler können dies nach kurzer Einweisung eigenständig erproben und ihre Erfahrungen dann im Plenum vorstellen – begleitet von den Fotos, die beim Experimentieren gemacht wurden.

Skizze Fotobox-Objektfotografie

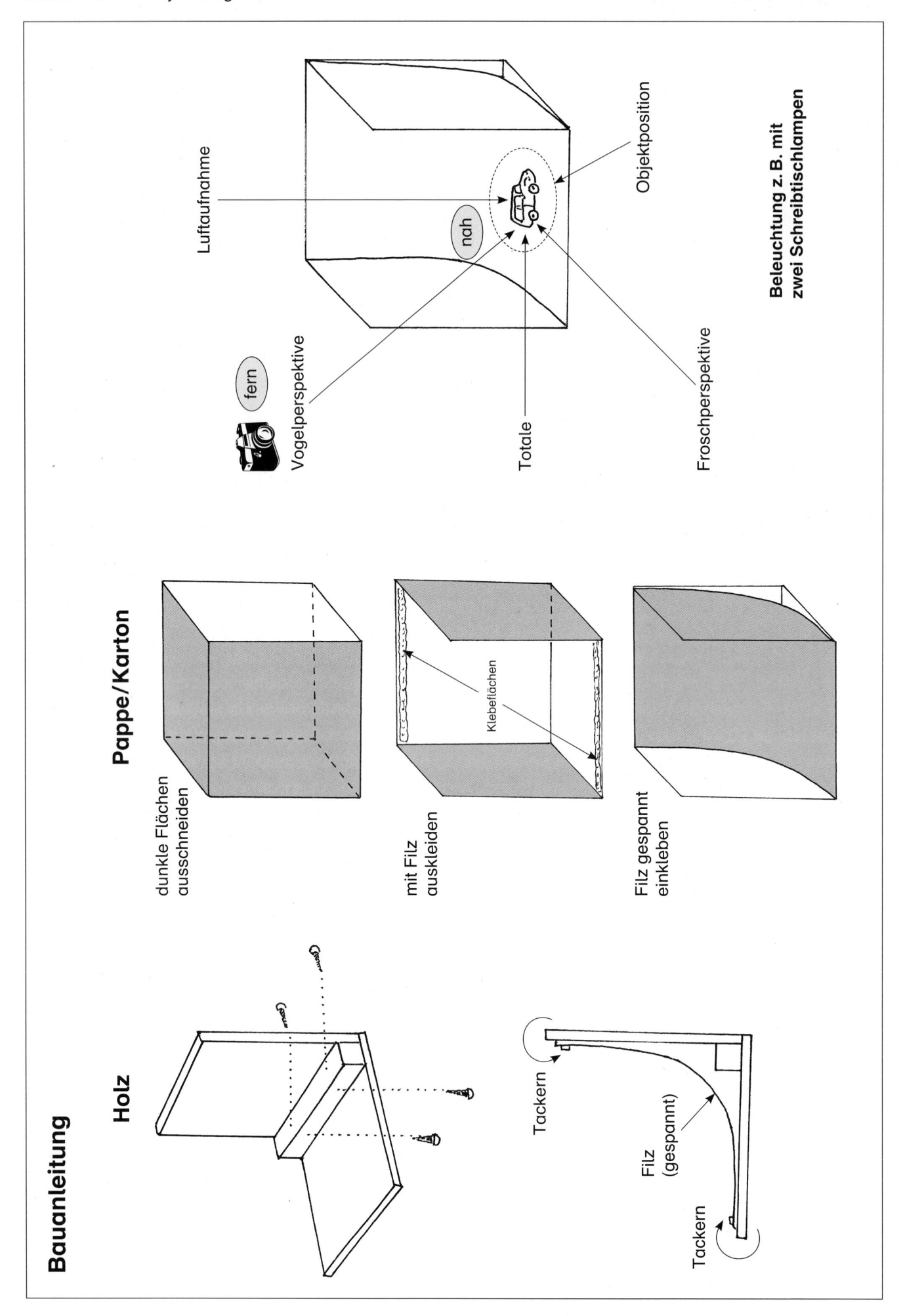

- Luftaufnahme
- nah
- fern
- Vogelperspektive
- Totale
- Objektposition
- Froschperspektive

Beleuchtung z. B. mit zwei Schreibtischlampen

Pappe/Karton

- dunkle Flächen ausschneiden
- mit Filz auskleiden (Klebeflächen)
- Filz gespannt einkleben

Bauanleitung

Holz

- Tackern
- Filz (gespannt)
- Tackern

52

Jochen Schmidt: Jahreszeitliches Basteln und Gestalten – Frühling
© Persen Verlag

Fischen am Teich

Du brauchst:

- Filzreste (grün, braun, grau, sowie weitere Farben für die Fische)
- Stoffschere
- Nadel und Faden
- etwas Füllwatte
- 1 kleinen Magneten (z. B. Neodymmagnet)
- pro Fisch bzw. „Niete" (Schuh, Alge, etc.) je eine Unterlegschreibe (M3 oder M4) oder Mutter aus Eisen (sie muss magnetisch sein!)
- 1 kleinen Stock als Angel
- Angelschnur oder Nähgarn (ca. 50–60 cm)
- 1 Pappkarton
- Abtönfarbe blau, etwas Deckweiß
- Schwamm
- Zackenschere (für das Eisfischen)

Bastelanleitung:

Die Angel, die Fische und die „Nieten"

- Übertrage die Kopiervorlagen jeweils auf die Filzreste (grün für die Algen, braun für den Schuh, grau für den Angelhaken sowie die Farben deiner Wahl für die Fische, den Seestern, die Krabbe, die Qualle oder den Tintenfisch).
- Du brauchst jeweils zwei Vorlagen pro Fisch bzw. „Niete".
- Schneide die Vorlagen mit der Stoffschere aus.
- Nähe jeweils zwei passende Vorlagen mit Nadel und Faden zusammen. Lasse aber zunächst noch ein kleines Loch, damit du etwas Füllwatte und eine Unterlegscheibe oder Mutter hineingeben kannst.
- Teste, ob du mit dem Magneten den Fisch oder die „Niete" „angeln" kannst. Wenn der Fisch zu schwer ist, musst du eine größere Unterlegscheibe oder einen größeren Magneten verwenden.
- Nähe die Vorlage zu.
- Bastle auf diese Weise so viele Fische und „Nieten" wie du magst.
- Vergiss auch den Angelhaken nicht.
- **ACHTUNG:** Hier ist ganz, ganz wichtig, dass du in den Angelhaken den Magneten einnähst! Ansonsten kannst du nachher nicht richtig damit angeln! Alternativ kannst du auch einen Lochmagneten verwenden und an die Angelschnur hängen.
- Befestige den Angelhaken mit der Schnur an dem Stock. Fertig ist deine Angel.

Der Teich

- Male den Karton (mind. 30 × 30 × 30 cm) von innen und außen blau an.
- Nach dem Grundieren mischst du weitere Blautöne mit dem Deckweiß an. Dann kannst du mit dem Schwamm in den Blautönen das Wasser mittels Tupftechnik oder Verwischung bemalen.
- Für das Eisfischen, also das Fischen im Frühjahr, benötigst du den Deckel des Kartons. Oder du schneidest dir ein Stück Pappe zum Abdecken des Kartons zurecht.
- Male die Außenseite des Deckels weiß bzw. in einem hellen Weiß-blau an.
- Schneide nun frei Hand mit der Zackenschere ein Loch in den Deckel (die Eisdecke). Das Loch sollte so groß sein, dass man bequem dadurch angeln und an die Fische in der Schachtel erreichen kann.
- Wenn du möchtest, kannst du anstelle eines größeren Loches auch mehrere kleinere Löcher in den Deckel schneiden, um an unterschiedlichen Stellen fischen zu können.

Jetzt kannst du mit deinen Mitschülern um die Wette angeln. Wer fängt die meisten Fische ohne alle Nieten zu ziehen?

Petri Heil!

Fischen am Teich

	Vorbereitung	**Projekt**
L	10 Minuten	3–4 Stunden

Lernziele: Räumliches Gestalten (Experimentieren und Bauen mit unterschiedlichen Materialien), Textiles Gestalten (Erprobung und Anwendung unterschiedlicher Materialien und Arbeitsverfahren), Auseinandersetzung mit Objekten (Herstellung von komplexen Formen und Gebilden)

Hinweise: Bei der Herstellung der Fische ist es wichtig, die Magneten bzw. Metallteile vor dem Zunähen nicht zu vergessen. Deshalb sollten die Schüler mehrfach daran erinnert werden. Es ist auch wichtig zu testen, ob die gewählten Metallteile aufgrund ihrer Anziehungsfähigkeit ausreichen, erfolgreich mit der Angel geangelt zu werden. Dies sollte ebenfalls gut erklärt und ggf. gemeinsam einmal ausprobiert werden.

Wenn erforderlich, sollte die Tupf- bzw. Wischtechnik oder das Malen mit dem Schwamm allgemein einmal erklärt werden. Auf diese Art und Weise lassen sich sehr schöne Ergebnisse für die Herstellung des Wassers erzielen.

Kopiervorlage: Fischen am Teich

Jochen Schmidt: Jahreszeitliches Basteln und Gestalten – Frühling
© Persen Verlag

Vögel am Fenster

Du brauchst:

- 1 Blatt braunen Tonkarton (DIN A4)
- 1 Blatt weißes Tonpapier (DIN A4)
- weißes Transparentpapier
- Buntstifte
- Schere
- Klebstoff
- Prickelnadel, Unterlage

Bastelanleitung:

- Übertrage die Kopiervorlage des Fensters auf den braunen Tonkarton.
- Schneide Fenster aus.
- Schneide mit der Prickelnadel die einzelnen Fensterteile entlang der gestrichelten Linien aus.
- Klebe das Transparentpapier hinter die Öffnungen.
- Entscheide dich, welche Vögel du gerne in dein Fenster kleben möchtest.
- Übertrage die Kopiervorlage auf das weiße Tonpapier.
- Male die Vögel farbig an.
- Klebe die Vögel auf die Sprossen des Fensters.

	Vorbereitung	Projekt
L	10 Minuten	1–2 Stunden

Lernziele: Grafisches Gestalten, Räumliches Gestalten (Verwendung und Kombination unterschiedlicher Arbeitsmaterialien und Werkverfahren, Konstruieren nicht-figurativer einfacher Formen, Herstellung einfacher Objekte zur Raumdekoration)

Hinweis: Im Anschluss an die Bastelarbeit können die „Vögel am Fenster" im Klassenzimmer aufgehängt werden. Neben der Pinnwand eignen sich auch die Klassenfenster zum Aufhängen der kleinen Kunstwerke, sozusagen als „Fenster im Fenster".

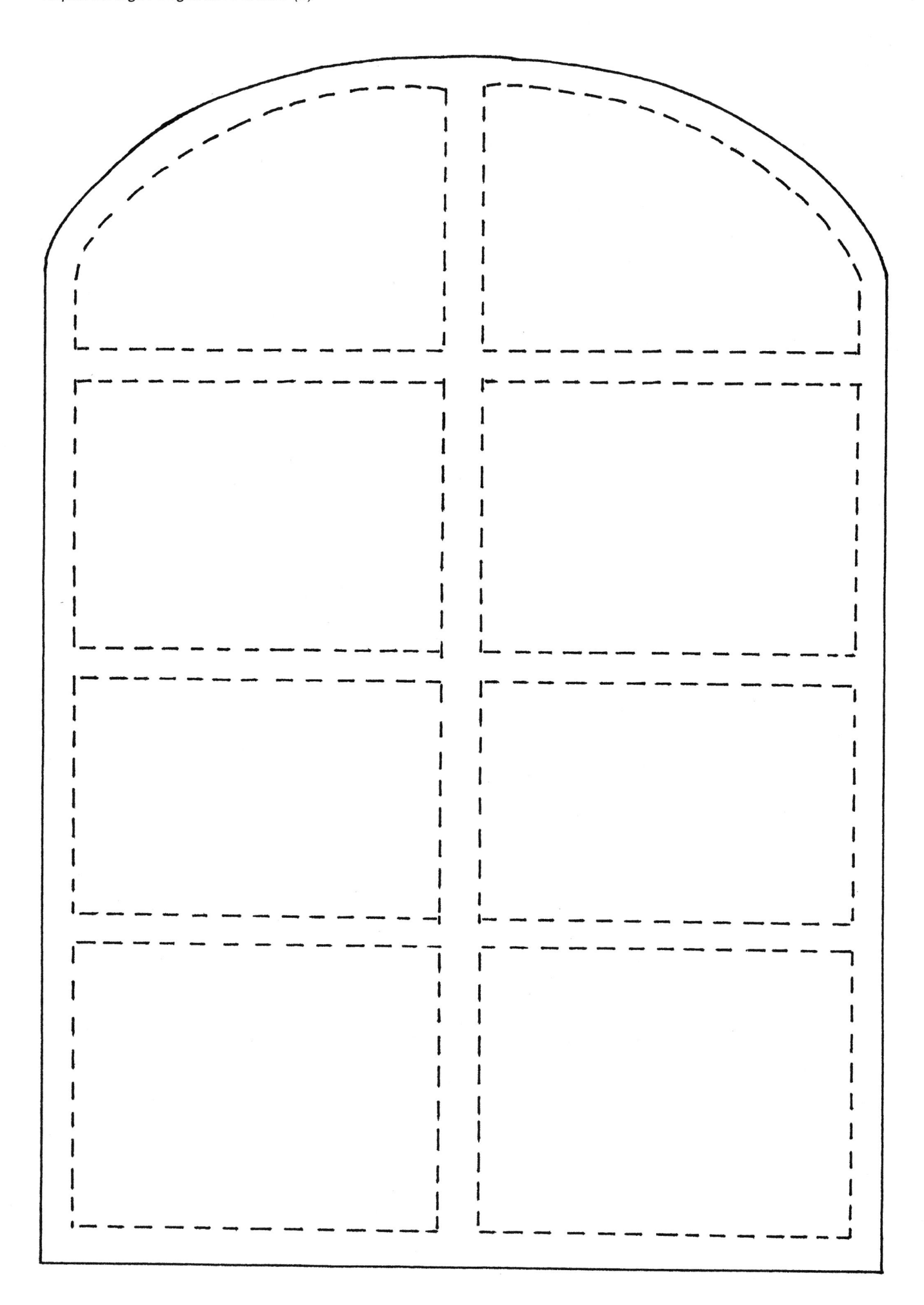

Kopiervorlage: Vögel am Fenster (1)

Jochen Schmidt: Jahreszeitliches Basteln und Gestalten – Frühling
© Persen Verlag

Kopiervorlage: Vögel am Fenster (2)

„Flatterhaftes" Namensschild

Du brauchst:

- 1 Blatt weißes Tonpapier (DIN A4)
- Transparentpapier (mehrfarbig)
- Prickelnadel, Unterlage
- Buntstifte
- schwarzen Filzstift

Bastelanleitung:

- Übertrage die Kopiervorlage auf das Tonpapier.
- Prickel den Schmetterling entlang der gestrichelten Linie aus.
- Prickel die Innenseite der Schmetterlingsflügel entlang der gestrichelten Linie aus.
- Klebe das Transparentpapier in den Farben deiner Wahl hinter die Öffnungen.
- Falte das Namensschild entlang der gepunkteten Linie.
- Schreibe deinen Namen entweder farbig oder mit dem schwarzen Filzstift gut lesbar in großer Schrift auf das Namensschild.

	Vorbereitung	**Projekt**
	10 Minuten	1 Stunde

Lernziele: Grafisches Gestalten, kreatives Gestalten (Verarbeiten unterschiedlicher Materialien mit einfachen Arbeitsverfahren, einfache Objektgestaltung zur weiteren Verwendung)

Kopiervorlage: Flatterhaftes Namensschild (Alternative 1)

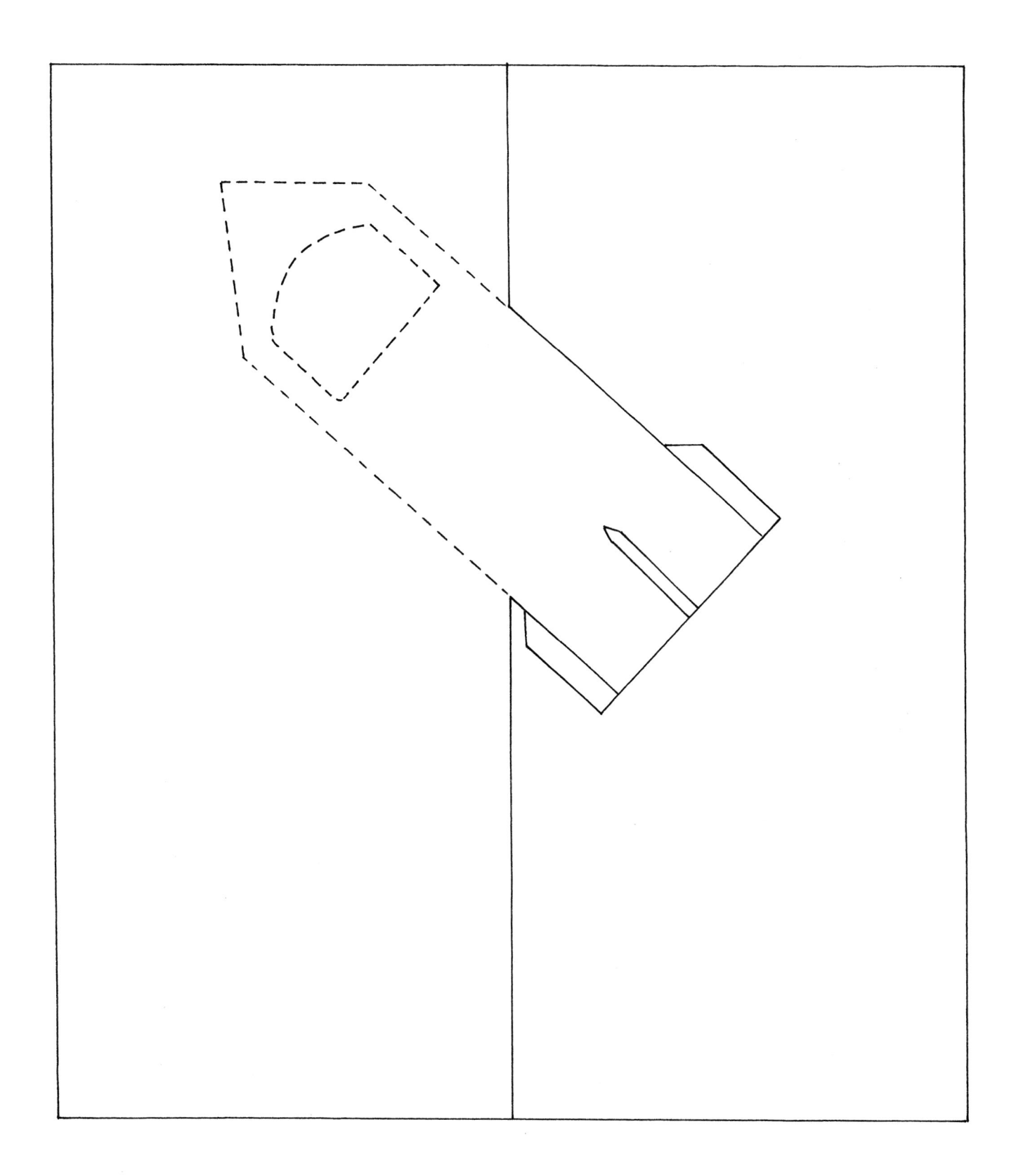

Kopiervorlage: Flatterhaftes Namensschild (Alternative 2)

Jochen Schmidt: Jahreszeitliches Basteln und Gestalten – Frühling
© Persen Verlag

Mein eigener Stempel

Du brauchst:

- 1 Bogen Styrodur oder Depron, 2 mm stark (DIN A5)
- Schmierpapier
- Styroporklebstoff
- Prickelnadel, Unterlage
- Schneideunterlage
- Bleistift, Anspitzer
- Lineal
- Stempelkissen
- einige Holzwürfel (3 × 3 cm); alternativ: Korken

Bastelanleitung:

- Entscheide dich für 2–3 Motive, die dir am besten gefallen.
- Zeichne ein Gitternetz mit Bleistift und Lineal auf das Styrodur. Es sollen Quadrate mit den Maßen 4 × 4 cm entstehen.
- Schneide die Quadrate aus. Nimm das Lineal zu Hilfe.
- Du benötigst pro Stempel zwei Quadrate. Ein Quadrat ist die Bodenplatte für deinen Stempel. Aus dem anderen Quadrat schneidest du das Motiv aus.
- Übertrage die Motive deiner Wahl mit Bleistift auf die Styrodurquadrate. Mit einem spitzen Bleistift kannst du das Motiv schon ein wenig einritzen. Dann ist das Schneiden oder Cuttern leichter.
- Schneide die jeweiligen Motive (mit dem Cutter) aus und klebe sie auf die Bodenplatte.
- Klebe nach dem Trocknen einen Holzwürfel oder Korken als Griff auf die Rückseite der Bodenplatte.

Fertig ist dein Stempel! Probier ihn doch gleich einmal aus und gestalte damit z. B. Grußkarten oder die Tischdekoration.

L		Vorbereitung	Projekt
		10 Minuten	1–2 Stunden

Lernziele: Grafisches Gestalten, Aufspüren von Oberflächenbeschaffenheit (Depron), Kennenlernen neuer Arbeitsmaterialien, Erlernen und Erproben einfacher Druckverfahren (Stempeln, Materialdruck)

Hinweise: Das Arbeiten mit Styrodur bzw. Depron ist sehr einfach. Nur ist es nicht immer ganz leicht, das Material im örtlichen Bastelgeschäft oder Baumarkt zu finden (beides sind ursprünglich Dämmstoffe, die aber aufgrund ihrer einfachen Bearbeitbarkeit auch im Modellbau eingesetzt werden). Im Internet finden sich aber zahlreich Anbieter. Styrodur ist leicht schneid- und formbar. Auch lassen sich mit spitzem Bleistift Formen und Motive permanent einritzen.

Ähnlich wie Styropor müssen auch Styrodur oder Depron mit einem entsprechenden Klebstoff verklebt werden. Es empfiehlt sich, pro Tischgruppe einen Kleber zu verwenden. Dies minimiert die Unkosten. Anstelle der Holzwürfel können auch Styroporwürfel als Griff verwendet werden.

Alternativ können die Stempel auch kostengünstig aus Filz und Pappe gebaut werden.

Wichtig: Für die Lernschwächeren müssen die Styrodurquadrate entsprechend vorbereitet und zur Verfügung gestellt werden. Falls sich die Arbeit mit dem Material als zu schwierig erweist, können die Lernschwächeren die Motive aus Moosgummi ausschneiden.

Mein eigener Stempel

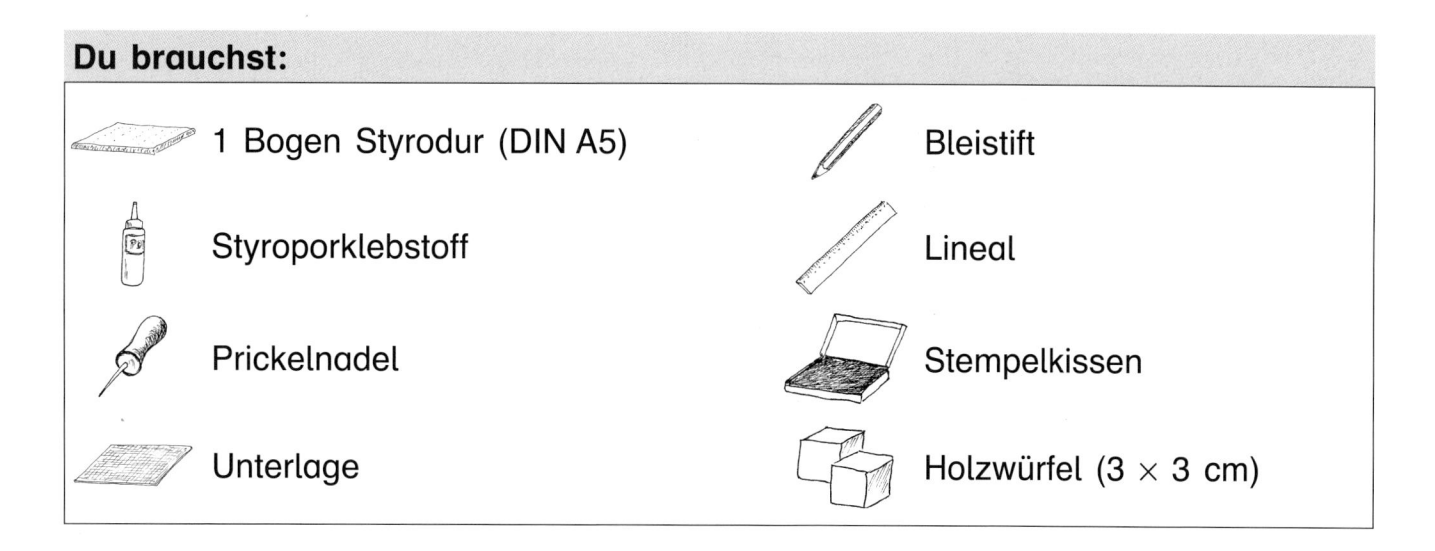

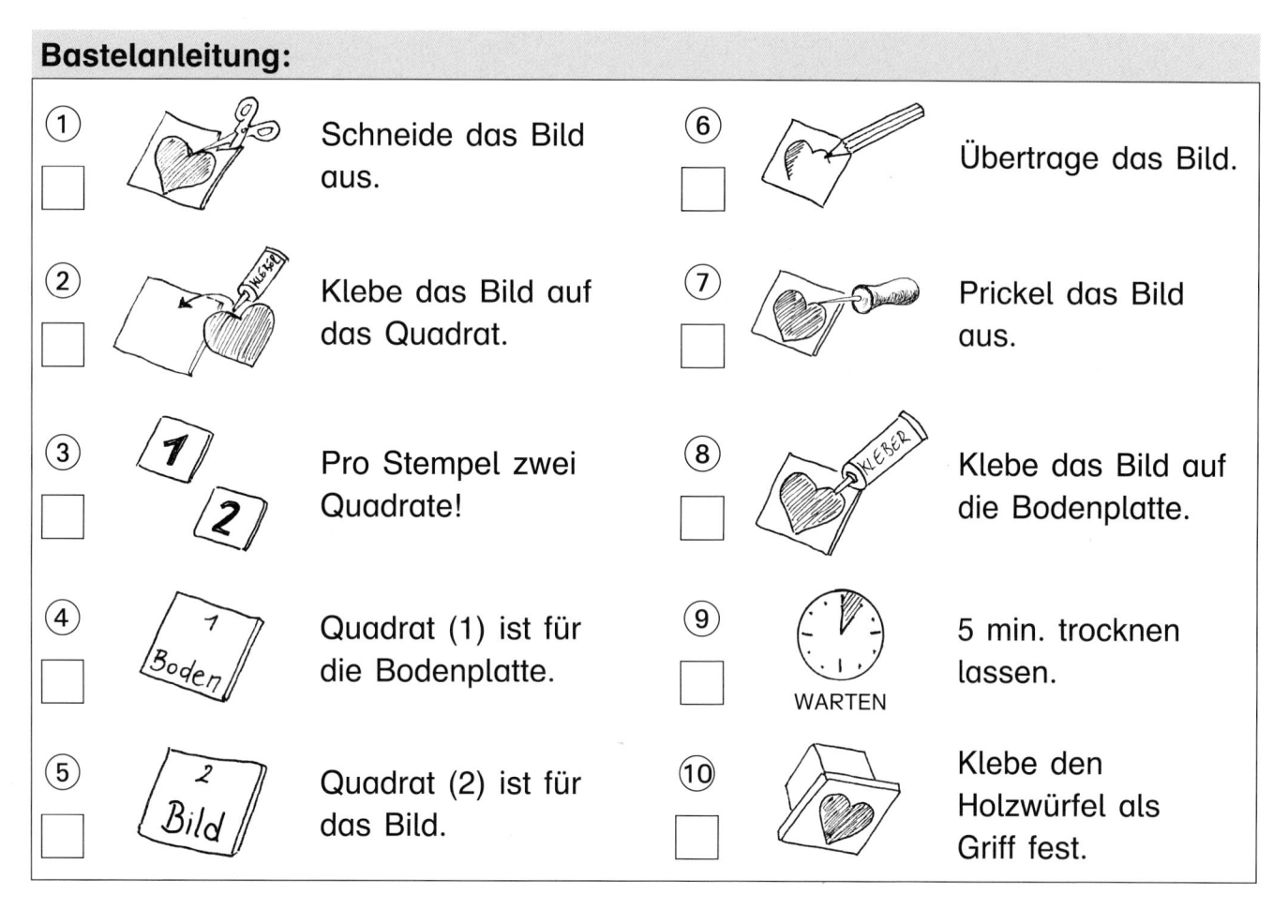

Du brauchst:

- 1 Bogen Styrodur (DIN A5)
- Styroporklebstoff
- Prickelnadel
- Unterlage
- Bleistift
- Lineal
- Stempelkissen
- Holzwürfel (3 × 3 cm)

Bastelanleitung:

① Schneide das Bild aus.

② Klebe das Bild auf das Quadrat.

③ Pro Stempel zwei Quadrate!

④ Quadrat (1) ist für die Bodenplatte.

⑤ Quadrat (2) ist für das Bild.

⑥ Übertrage das Bild.

⑦ Prickel das Bild aus.

⑧ Klebe das Bild auf die Bodenplatte.

⑨ 5 min. trocknen lassen. WARTEN

⑩ Klebe den Holzwürfel als Griff fest.

⑪ **Nicht vergessen: Aufräumen!**

Fertig ist der erste Stempel!
Probier ihn doch gleich einmal aus!

Kopiervorlage: Mein eigener Stempel

„Frühlingsgefühle": Fühlkarten und Fühlbeutel

Du brauchst:

Fühlkarten

- 6× Pappkarton (DIN A6, formstabil, farbig)
- Bleistift
- Holzleim
- ein alter Pinsel
- Abtönfarbe, Pinsel
- Aquariumsand (feinen Sand)

Fühlbeutel
- 1 Stück Stoff (ca. 20 × 60 cm)
- 1 Stück Schnur (ca. 20 cm)
- Nadel und Faden

Bastelanleitung:

Fühlkarten

- Wähle aus der Kopiervorlage 6 Motive aus, die dir gut gefallen. Alternative kannst du auch Buchstaben oder Zahlen verwenden oder eigene Motive wählen.
- Übertrage je ein Motiv mit dem Bleistift auf eine Pappkarte.
- „Male" das Motiv ganzflächig mit Holzleim aus. Dies geht entweder direkt aus der Tube oder mit einem alten Pinsel.
- Streue den Sand über den Leim und lass die Karte trocknen.
- Klopfe nach dem Trocknen den überflüssigen Sand ab.
- Mit der unverdünnten Abtönfarbe kannst du das Motiv farbig gestalten.
- Wiederhole diesen Vorgang für alle Karten.

Fühlbeutel

- Übertrage das Schnittmuster auf den Stoff.
- Schneide die Schnittmuster aus.
- Lege die Schnitte genau aufeinander.
- Nähe die beiden Stoffteile zusammen.
- Drehe den Beutel auf links.
- Mit der Schnur kannst du den Beutel oben zubinden.

	Vorbereitung	Projekt
	10 Minuten	1–2 Stunden

Lernziele: Grafisches Gestalten (Erproben experimenteller Arbeitsverfahren, Erkunden des Zusammenspiels unterschiedlicher Arbeitsmaterialien und Werkzeuge, Formen von grafischen Zeichen und Symbolen)

Hinweise: Bei Arbeiten mit Leim und Sand sollte die Arbeitsfläche entsprechende vorbereitet werden. Wenn keine Bastelunterlagen aus Plastik zur Verfügung stehen, sollten die Tische großzügig mit Zeitungspapier ausgelegt werden. Bei gutem Wetter ist es ratsam, die Klebearbeiten im Freien durchzuführen. Andernfalls sollten die Schüler zur Vorsicht ermahnt werden. Der feine Aquariumssand findet sich sonst noch Wochen später im Klassenraum. Eine sorgfältiger Umgang mit dem Arbeitsmaterial und abschließend eine gründliche Reinigung des Arbeitsplatzes ist daher extrem wichtig.

Wichtig: Bitte die Kopiervorlage von Seite 64 für die Motivauswahl zur Verfügung stellen.

„Frühlingsgefühle": Fühlkarten

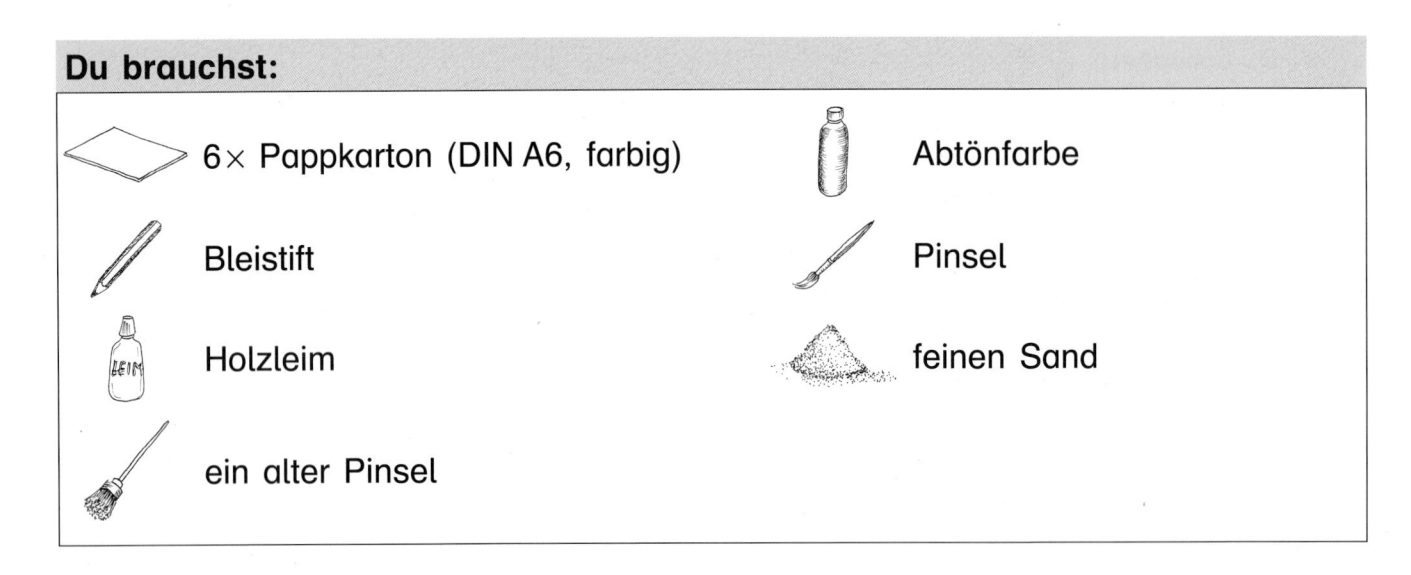

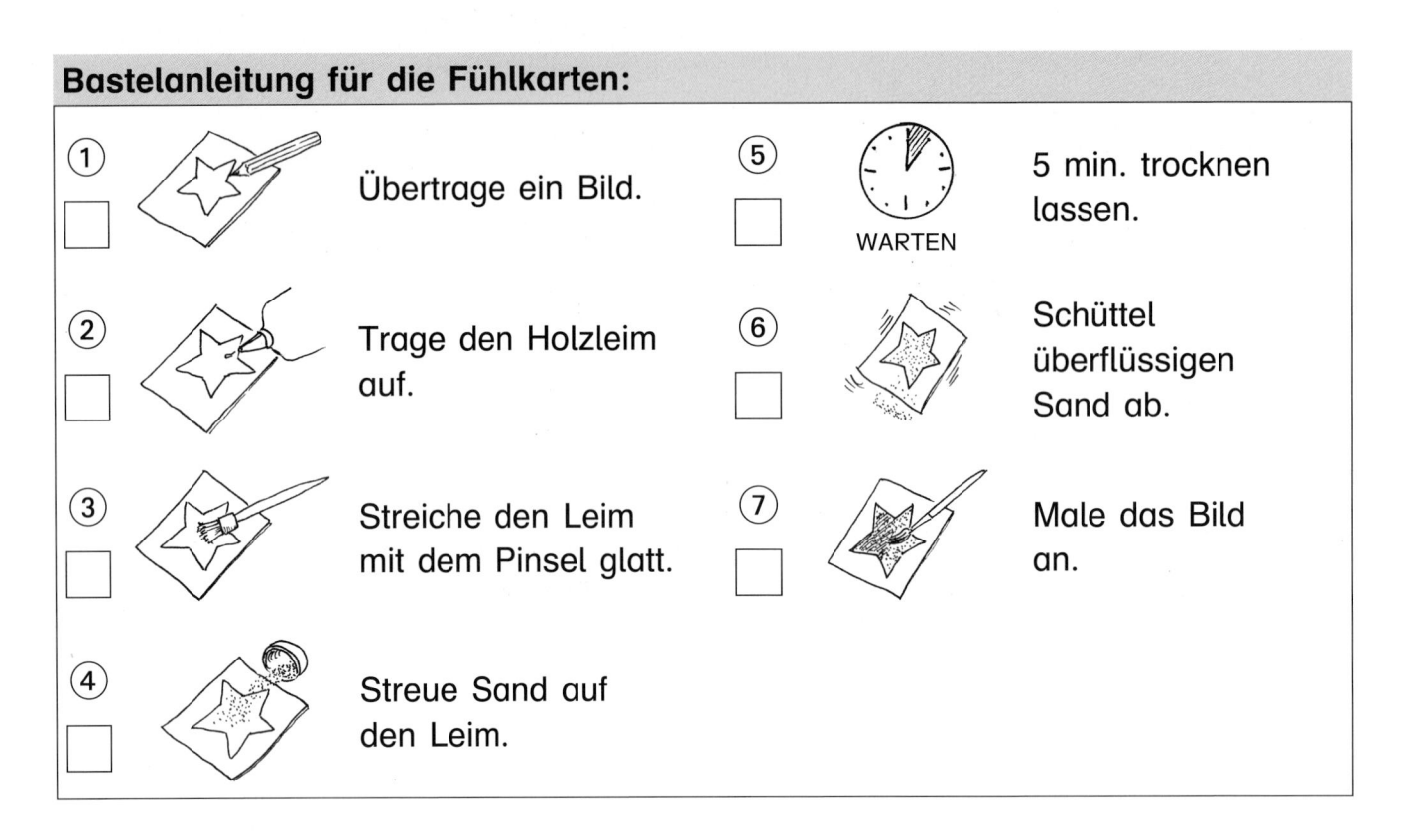

Du brauchst:

- 6× Pappkarton (DIN A6, farbig)
- Bleistift
- Holzleim
- ein alter Pinsel
- Abtönfarbe
- Pinsel
- feinen Sand

Bastelanleitung für die Fühlkarten:

① Übertrage ein Bild.

② Trage den Holzleim auf.

③ Streiche den Leim mit dem Pinsel glatt.

④ Streue Sand auf den Leim.

⑤ 5 min. trocknen lassen. WARTEN

⑥ Schüttel überflüssigen Sand ab.

⑦ Male das Bild an.

⑧ **Nicht vergessen: Aufräumen!**

Aprilwetter

Du brauchst:

- 1 Blatt weißes Tonpapier (DIN A4)
- 1 Blatt blaues Papier (DIN A6)
- blauesTonpapier (Reststück)
- Buntstifte/Farbkasten und Pinsel
- Schere
- Klebstoff
- Locher
- Klebestreifen
- Nähgarn

Bastelanleitung:

- Übertrage die Kopiervorlage der Wolke und des Regenbogens auf das Tonpapier.
- Schneide die Wolke und den Regenbogen aus.
- Male die Wolke und den Regenbogen farbig an. Wenn du mit dem Farbkasten arbeitest, nimm beim Malen nur ganz wenig Wasser, damit das Tonpapier nicht durchweicht.
- Schneide aus dem gelben Tonpapier frei Hand ein Sonne aus und klebe sie an die Wolke.
- Loche das blaue Papier um kleine Regentropfen herzustellen.
- Schneide 5–6 Fäden aus dem Nähgarn mit 20 cm Länge zu.
- Verbinde mit den Fäden die Wolke mit dem Regenbogen.
- Klebe die „Regentropfen" Rücken an Rücken entlang der Fäden.
- Auf diese Weise entsteht die Frühlingsregenwolke mit Regenbogen.
- Wenn die Wolke fertig ist, kannst du sie mit einem Stück Nähgarn und einem Klebestreifen, z. B. im Fenster, aufhängen.

	Vorbereitung	Projekt
L	10 Minuten	1 Stunde

Lernziele: Farbiges Gestalten, kreatives Gestalten (Erprobung und Anwendung verschiedener Arbeitstechniken, Anwendung unterschiedlicher Farben und Farbkombinationen im eigenen Schaffens- und Gestaltungsprozess, Erproben das Zusammenspiel unterschiedlicher Arbeitsmaterialien)

Aprilwetter

Du brauchst:

- 1 Blatt weißes Tonpapier (DIN A4)
- 1 Blatt blaues Papier (DIN A6)
- Buntstifte
- Schere
- Klebstoff
- Locher
- Klebestreifen
- Nähgarn

Bastelanleitung:

1. Übertrage die Kopiervorlage.
2. Schneide Wolke und Regenbogen aus.
3. Schneide aus dem gelben Tonpapier eine Sonne aus.
4. Klebe die Sonne auf die Wolke.
5. Male Wolke und Regenbogen an. Loche das blaue Papier.
6. Schneide 6 Fäden ab (20 cm).
7. Verbinde die Wolke mit dem Regenbogen.
8. Klebe die gelochten „Regentropfen" auf die Fäden.
9. Klebe etwas Faden an die Wolke.
10. Hänge die Wolke ans Fenster.

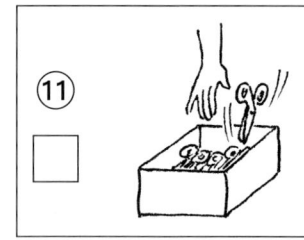

11. **Nicht vergessen: Aufräumen!**

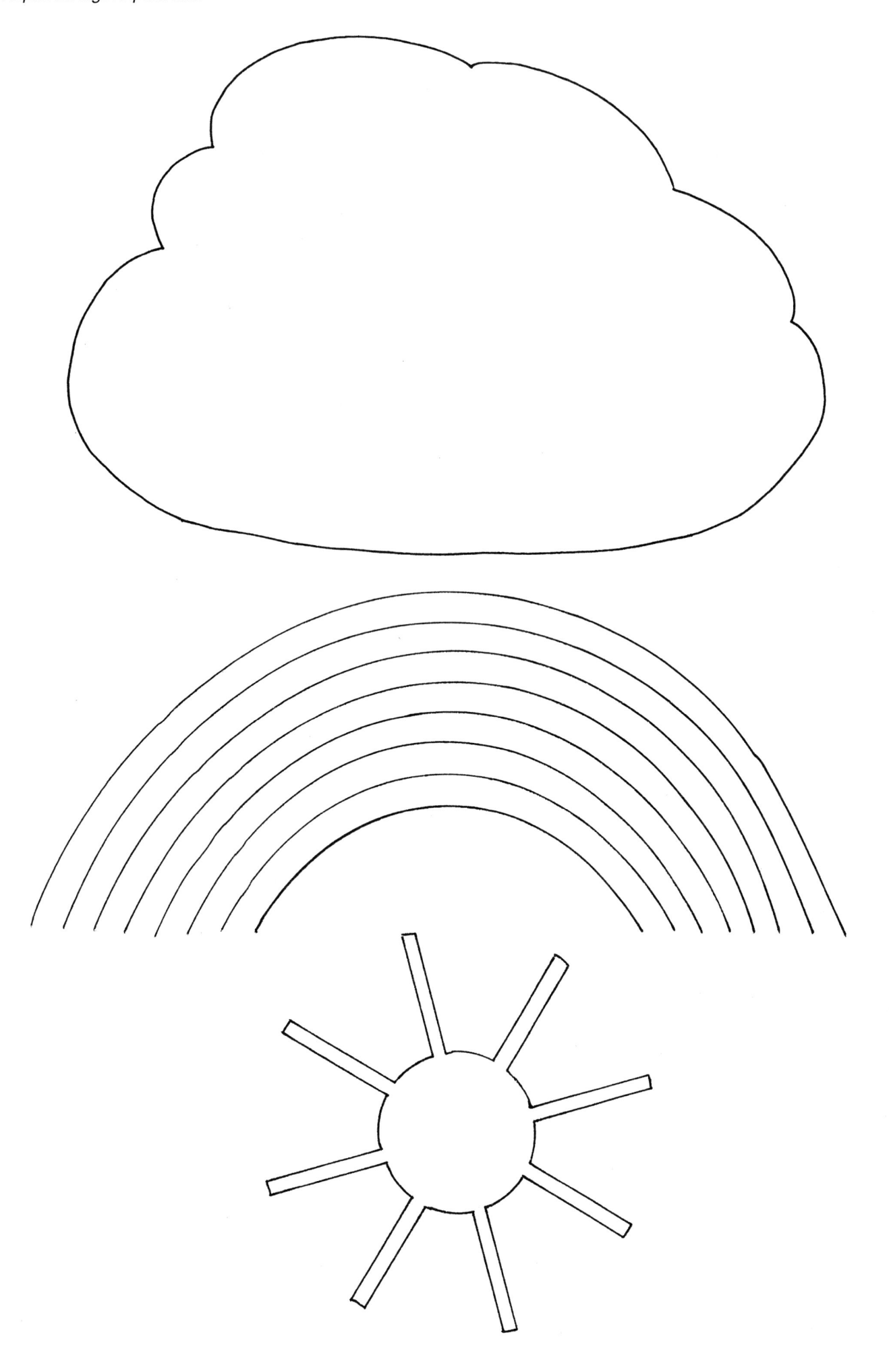

Kopiervorlage: Aprilwetter

Jochen Schmidt: Jahreszeitliches Basteln und Gestalten – Frühling
© Persen Verlag

Leuchtendes Osterei

Du brauchst:

- 1 Blatt weißes Tonpapier (DIN A4)
- Transparentpapier in verschiedenen Farben
- Schere
- Cutter oder Pricknadel, Unterlage
- Klebstoff
- 1 Teelicht

Alternativen:
- weißes Transparentpapier
- farbige Kerzen

Bastelanleitung:

- Übertrage die Kopiervorlage auf das Tonpapier.
- Schneide die Ostereierkette aus.
- Schneide mit der Pricknadel die Innenseite der Ostereier entlang der gestrichelten Linie aus.
- Schneide mit der Pricknadel die viereckigen Öffnungen entlang der gestrichelten Linie aus.
- Klebe das Transparentpapier hinter die Öffnungen der Vorlage. Verwende Farben deiner Wahl.
- Falte die Ostereierkette entlang der gepunkteten Linie.
- Trage Klebstoff auf die Klebelasche auf und klebe das Tischlicht zusammen.
- Wenn der Klebstoff angetrocknet ist, ist dein Tischlicht fertig. Mit einem Teelicht kannst du es beleuchten.

Alternativen:
- Klebe das weiße Transparentpapier hinter die Öffnungen der Vorlage.
- Tropfe mit den farbigen Kerzen etwas Wachs auf das Transparentpapier.
- Je bunter desto besser.
- Klebe das Teelicht so zusammen, wie oben beschrieben.
- Achte beim Beleuchten darauf, dass das gewählte Teelicht nicht zu heiß wird und das Wachs wieder schmilzt.

	Vorbereitung	Projekt
L	10 Minuten	1 Stunde

Lernziele: Räumliches Gestalten, farbiges Gestalten (Herstellung einfacher nicht-figürlicher Objekte, Verwendung und Kombination unterschiedlicher Arbeitsmaterialien und Werkverfahren)

Hinweise: Bei Arbeit mit Kerzen und offenem Feuer ist stets besondere Vorsicht geboten.

Auch wenn die Träufelarbeiten mit den Kerzen von den Schülern eigenständig ausgeführt werden können, ist eine sorgfältige Beobachtung aller beim Basteln mit den Kerzen dringend notwendig.

Leuchtendes Osterei

Du brauchst:

- 1 Blatt weißes Tonpapier (DIN A4)
- farbiges Transparentpapier
- Schere
- Prickelnadel
- Klebstoff
- 1 Teelicht

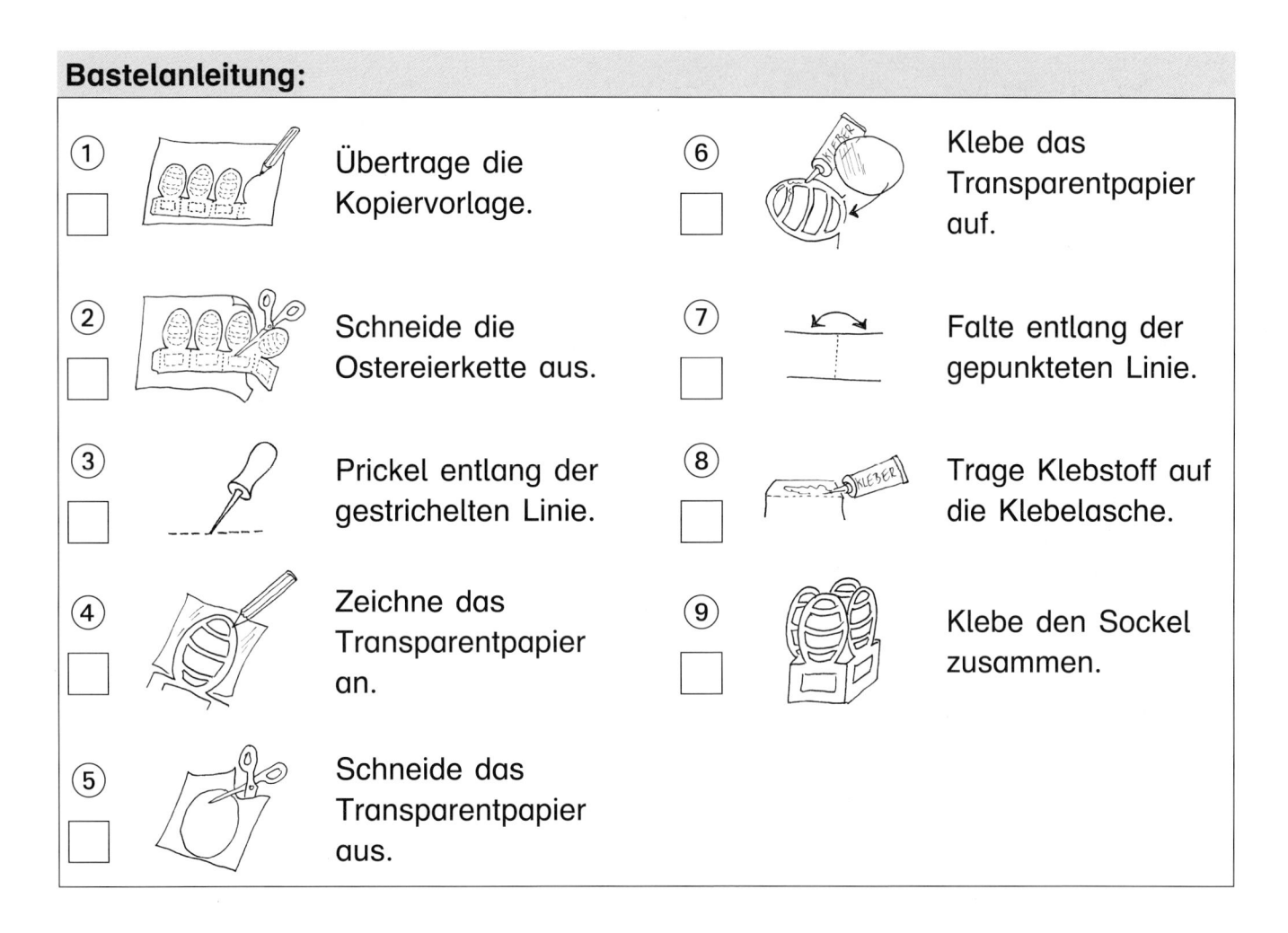

Bastelanleitung:

1. Übertrage die Kopiervorlage.
2. Schneide die Ostereierkette aus.
3. Prickel entlang der gestrichelten Linie.
4. Zeichne das Transparentpapier an.
5. Schneide das Transparentpapier aus.
6. Klebe das Transparentpapier auf.
7. Falte entlang der gepunkteten Linie.
8. Trage Klebstoff auf die Klebelasche.
9. Klebe den Sockel zusammen.
10. **Nicht vergessen: Aufräumen!**

Kopiervorlage: Leuchtendes Osterei

72 Jochen Schmidt: Jahreszeitliches Basteln und Gestalten – Frühling
© Persen Verlag

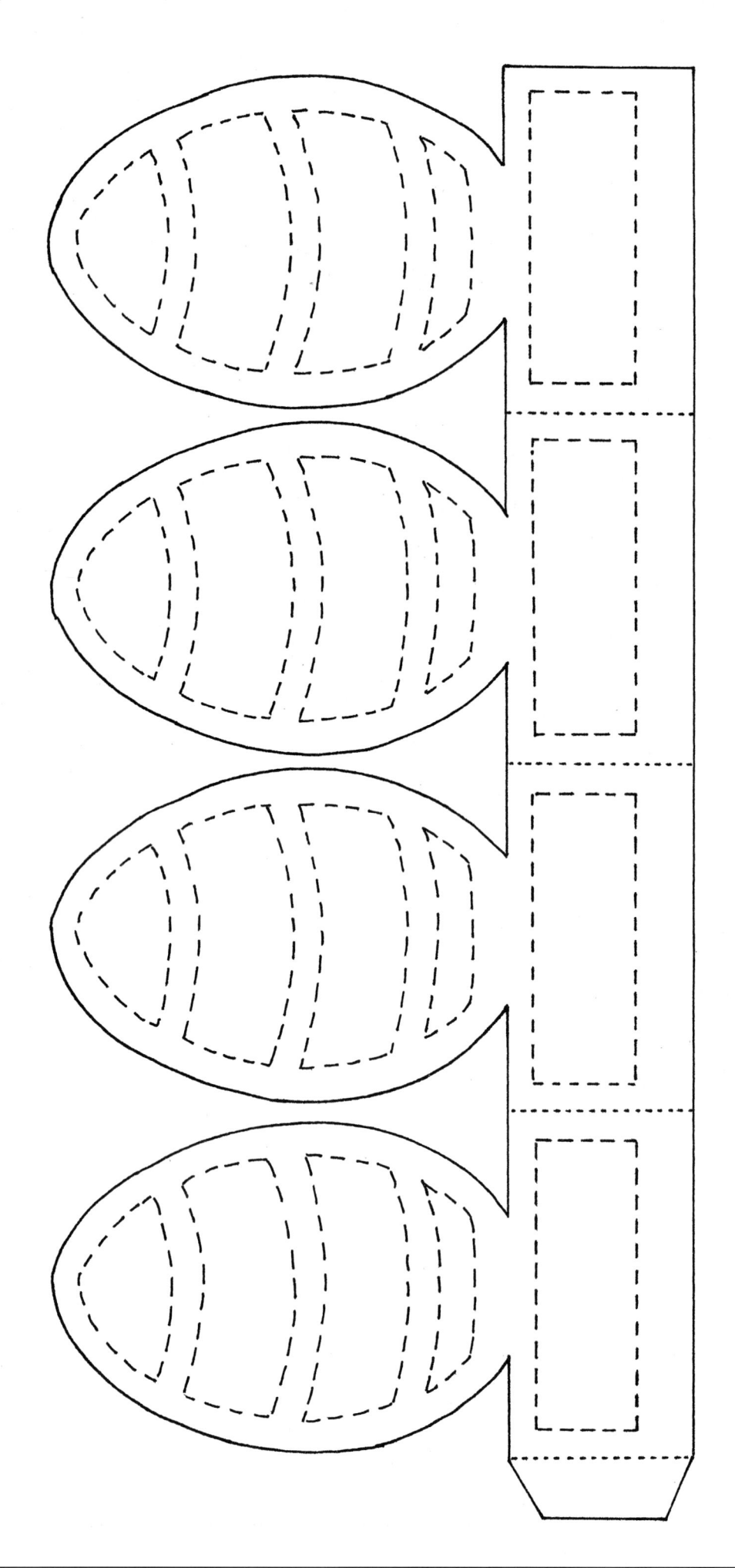

Kopiervorlage: Leuchtendes Osterei – Alternative

Jochen Schmidt: Jahreszeitliches Basteln und Gestalten – Frühling
© Persen Verlag

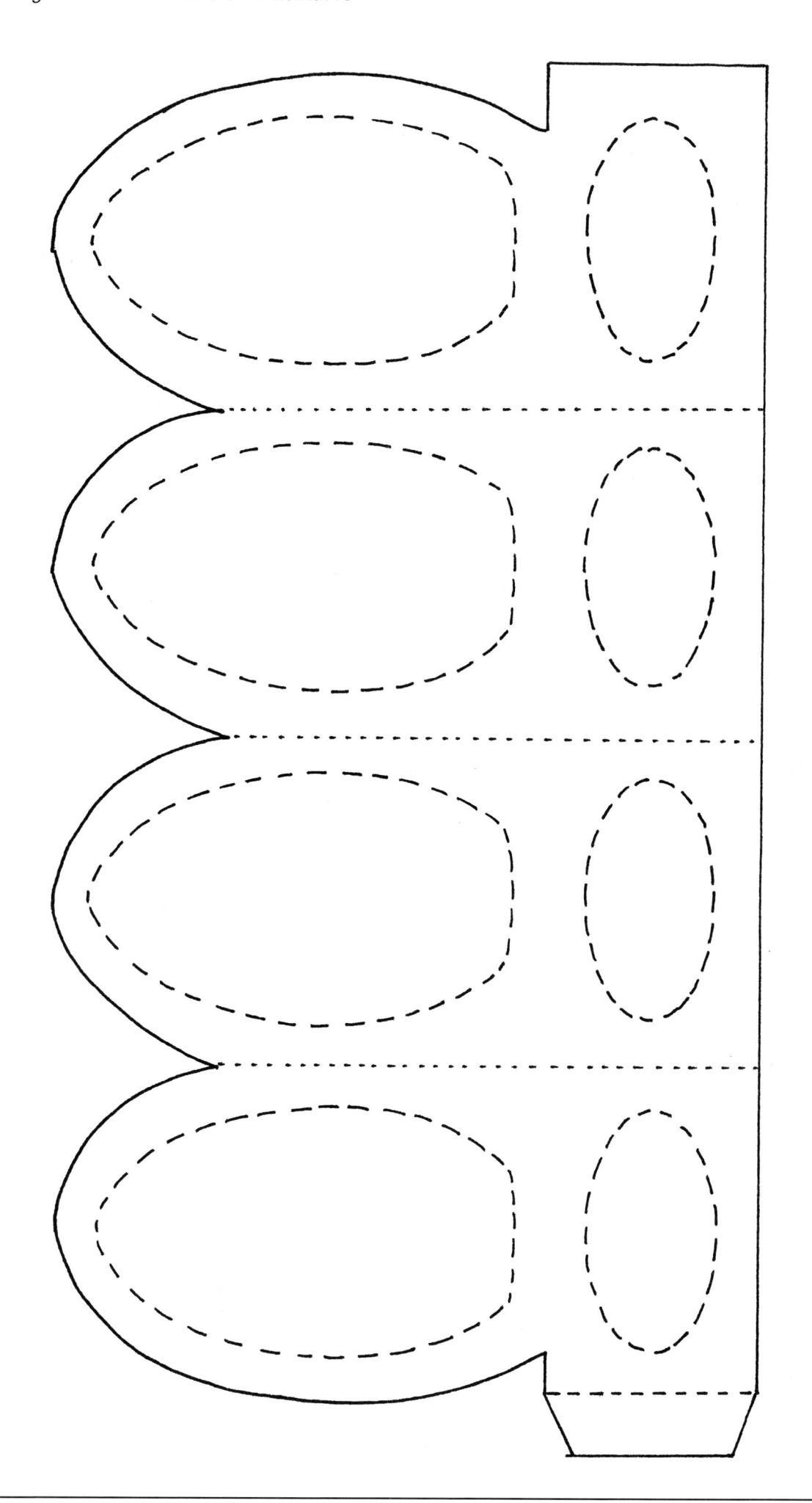

„Mein dicker, fetter Glückskäfer"

Du brauchst:

- 1 Blatt schwarzes Tonpapier (DIN A4)
- Styroporhalbkugel
- 2 Wackelaugen
- rote und schwarze Abtönfarbe
- Schere
- Klebstoff, Styroporkleber
- Pinsel

Bastelanleitung:

- Übertrage die Kopiervorlage für den Käfer auf das Tonpapier.
- Schneide den Körper aus.
- Male die Styroporhalbkugel rot an.
- Male einen schwarzen Strich über die Halbkugel.
  So entstehen die beiden Käferflügel.
- Male schwarze Punkte auf die Käferflügel.
- Übertrage die kreisförmige Kopiervorlage auf das Tonpapier.
- Schneide die Vorlage aus. Dies ist der Käferkopf.
- Klebe den Käferkopf auf die vorgesehene Stelle auf den Käfer. Dadurch wird der Kopf verstärkt. Du kannst den Kopf aber auch etwas weiter nach vorne kleben und dadurch das Aussehen des Käfers verändern.
- Klebe die Styroporhalbkugel auf den Körper.
  Verwende dafür Styroporkleber, keinen normalen Klebstoff.
- Klebe die Wackelaugen auf den Käfer.
- Fertig ist dein dicker, fetter Glückskäfer.

	Vorbereitung	Projekt
	10 Minuten	1 Stunde

Lernziele: Grafisches Gestalten, kreatives Gestalten (Erproben und Verarbeiten verschiedener Materialien, Herstellung einfacher nicht-figürlicher Bastelobjekte)

Hinweise: Die Glückskäfer eigenen sich sehr schön als Geschenk zum Muttertag. Zusätzlich kann dann z. B. noch ein kreisrunder Zettel aus weißem Papier ausgeschnitten und auf die Unterseite des Käfers geklebt werden. Zuvor kann darauf ein Muttertagsgruß, z. B. ein Gedicht oder eine Botschaft der Schüler an die Mutter, geschrieben werden.

Aber auch sonst eignet sich der Glückskäfer als Geschenk zu jedem fröhlichen Anlass, bei dem man anderen Menschen mitteilen möchte, dass man an sie denkt und ihnen Gutes wünscht.

„Mein dicker, fetter Glückskäfer"

Du brauchst:

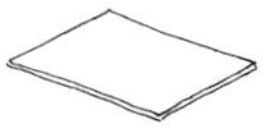

- 1 Blatt schwarzes Tonpapier (DIN A4)
- Styroporhalbkugel 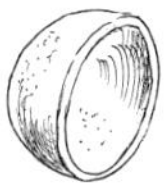
- 2 Wackelaugen 
- Abtönfarbe (rot, schwarz) 
- Schere 
- Klebstoff, Styroporkleber 
- Pinsel 

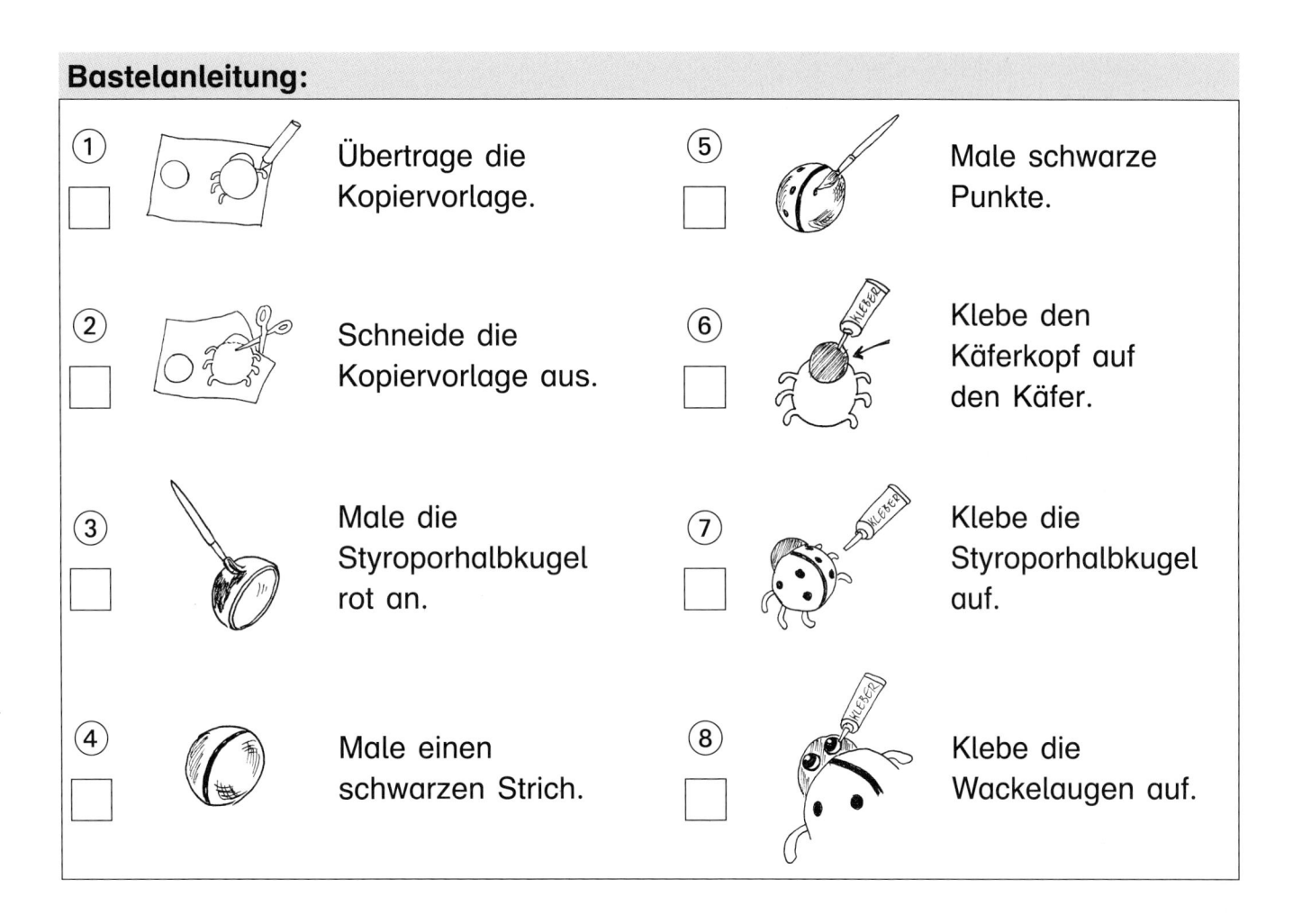

Bastelanleitung:

1. Übertrage die Kopiervorlage.
2. Schneide die Kopiervorlage aus.
3. Male die Styroporhalbkugel rot an.
4. Male einen schwarzen Strich.
5. Male schwarze Punkte.
6. Klebe den Käferkopf auf den Käfer.
7. Klebe die Styroporhalbkugel auf.
8. Klebe die Wackelaugen auf.
9. **Nicht vergessen: Aufräumen!**

Kopiervorlage: „Mein dicker, fetter Glückskäfer"

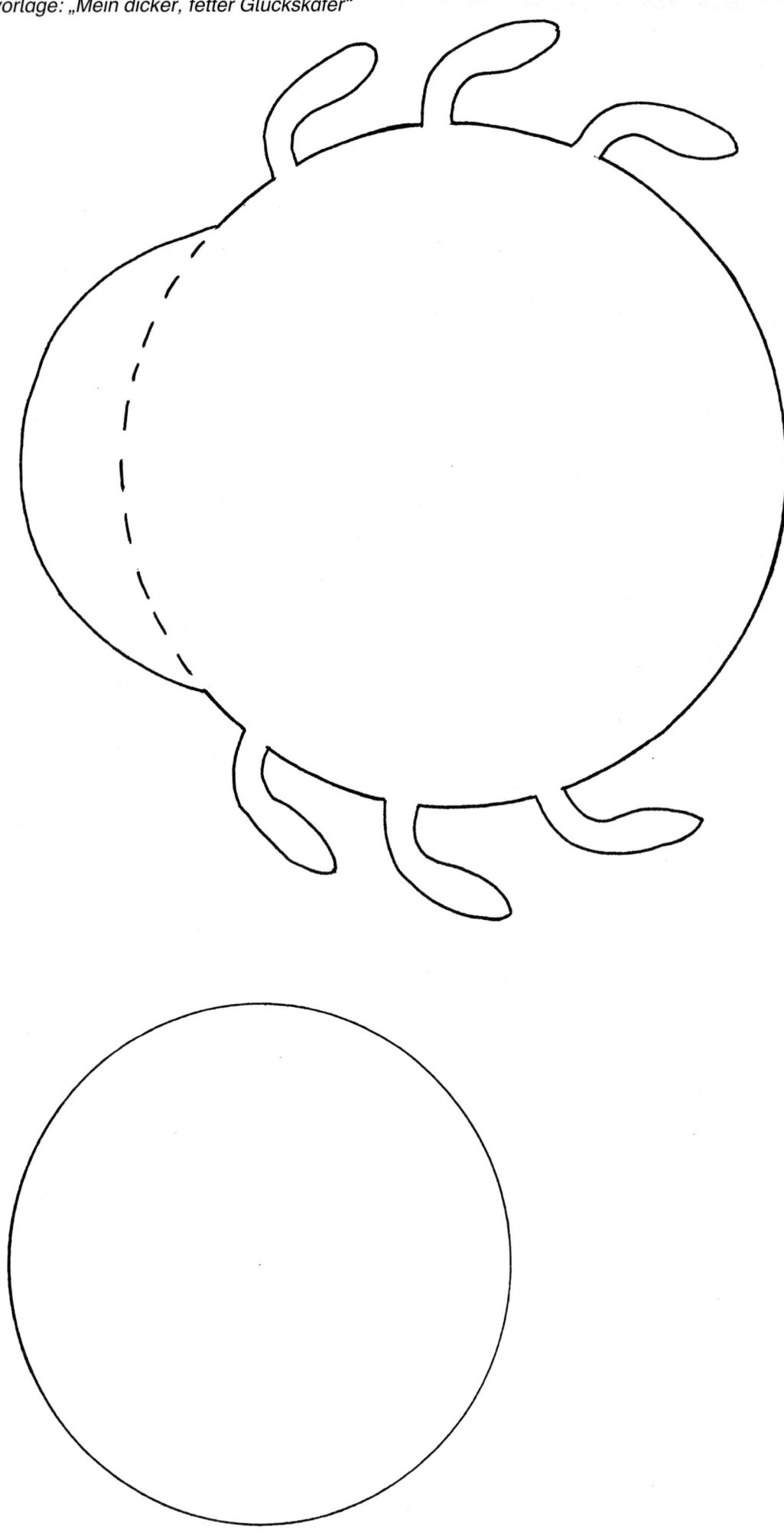

Kopiervorlage: „Mein dicker, fetter Glückskäfer" – Alternative

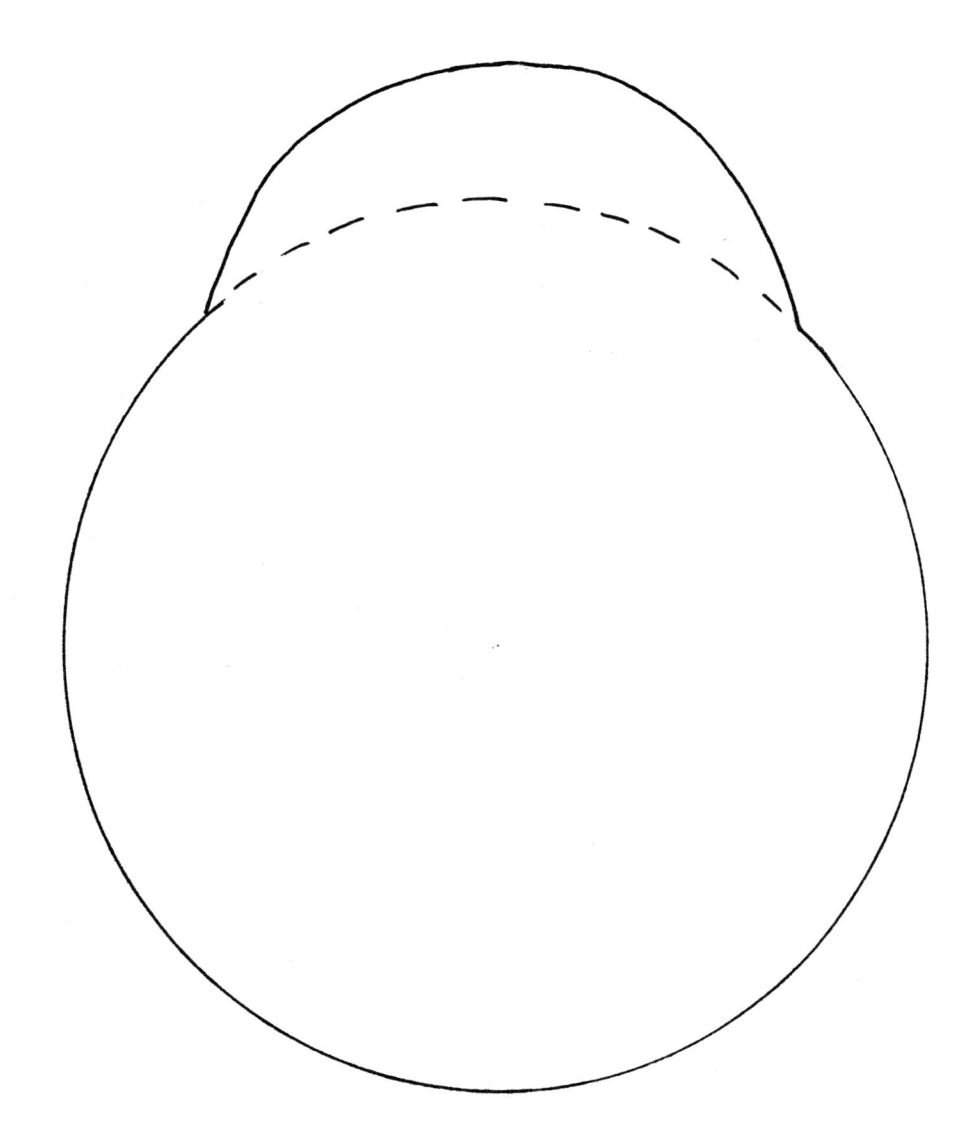

Raupenkarte

Du brauchst:

- 1 Blatt hellgrünes Tonpapier (DIN A4)
- 1 Blatt dunkelgrünes Tonpapier (DIN A5)
- Pfeifenputzer (farbig)
- Cutter/Prickelnadel, Unterlage
- Lineal, Bleistift
- Schere
- Klebstoff

Bastelanleitung:

- Schneide einen ca. 1 cm breiten Streifen an der längeren Seite des dunkelgrünen Tonpapiers gerade ab. Benutze dazu Lineal und Bleistift.
- Übertrage die Kopiervorlage auf das hellgrüne Tonpapier.
- Prickel die Adern des Blattes entlang der gestrichelten Linie.
- Klebe das dunkelgrüne Tonpapier bündig dahinter.
- Falte das hellgrüne Tonpapier zu einer Doppelkarte.
- Schneide an einigen Stellen kleine Löcher in das Blatt.
- Ziehe den Pfeifenputzer als Wurm durch diese Löcher, sodass es aussieht, als ob sich eine Raupe durch das Blatt frisst.

	Vorbereitung	**Projekt**
	10 Minuten	1 Stunde

Lernziele: Farbiges Gestalten, kreatives Gestalten (Erprobung und Anwendung verschiedener Arbeitstechniken, Kombination und Zusammenspiel unterschiedlicher Werkstoffe und Materialien, Anwendung von Farben und Farbkombinationen im eigenen Schaffens- und Gestaltungsprozess)

Kopiervorlage: Raupenkarte

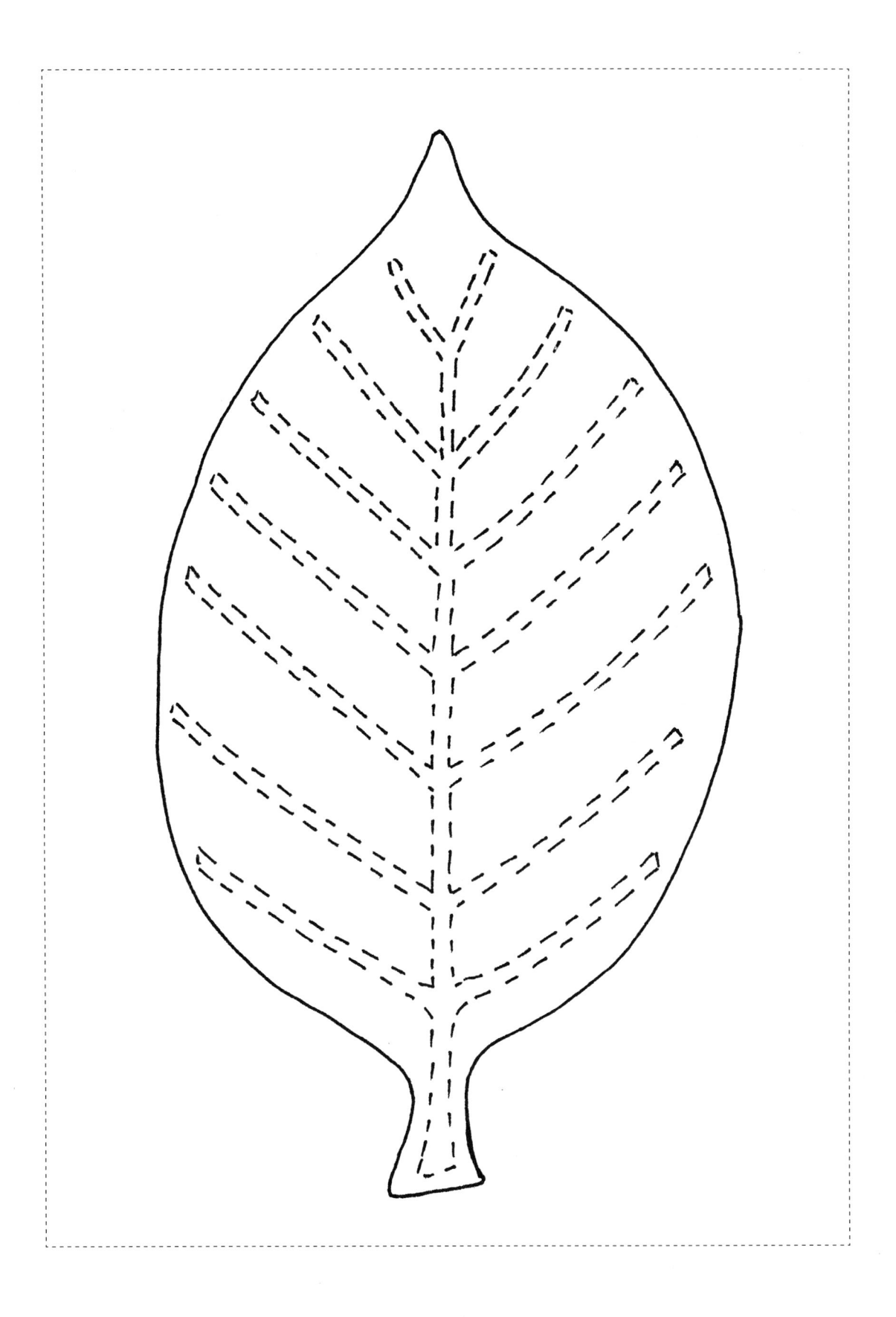

Ostereier-Einladungskarte

Du brauchst:

- 1 Blatt weißes Tonpapier (DIN A4)
- Transparentpapier
- Schere oder Prickelnadel, Unterlage
- Klebstoff

Bastelanleitung:

- Übertrage die Vorlage auf das Tonpapier.
- Schneide oder prickel die Innenseite des Ostereis entlang der gestrichelten Linie aus.
- Klebe buntes Transparentpapier hinter die Öffnungen.
- Falte das Tonpapier zu einer Doppelkarte.

Fertig ist die Ostereier-Karte!

	Vorbereitung	**Projekt**
L	10 Minuten	1 Stunde

Lernziele: Farbiges Gestalten, kreatives Gestalten (Erprobung und Anwendung einfacher Arbeitstechniken, Kombination unterschiedlicher Arbeitsmaterialien, Anwendung von Farben und Farbkombinationen im eigenen Schaffens- und Gestaltungsprozess)

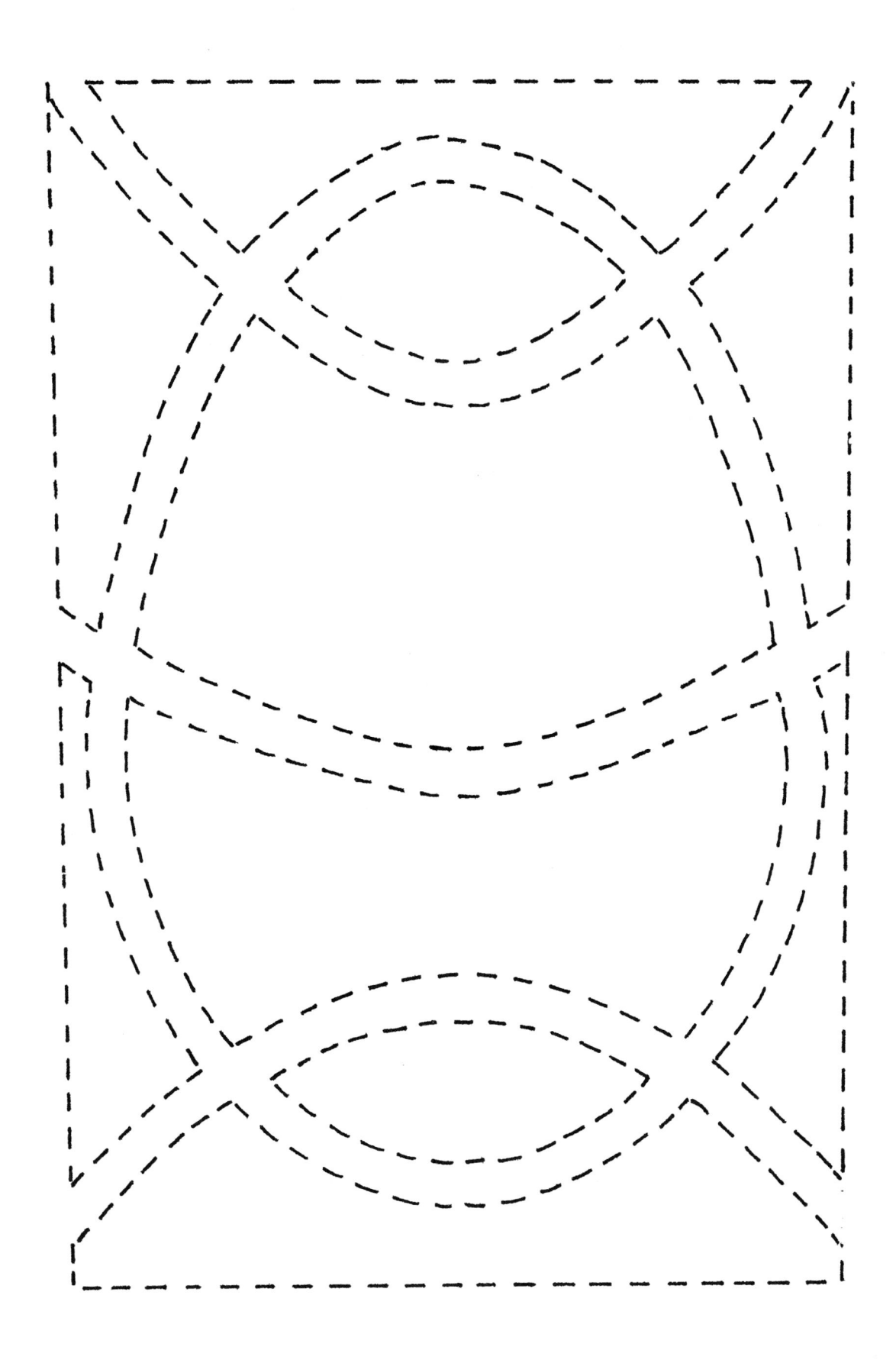

Kopiervorlage: Ostereier-Einladungskarte

Jochen Schmidt: Jahreszeitliches Basteln und Gestalten – Frühling
© Persen Verlag

Frühlingshafte Blumenkarte

Du brauchst:

- 1 Blatt weißes Tonpapier (DIN A4)
- 1 Reststück grünes Tonpapier
- Transparentpapier
- Klebstoff
- Schere
- Prickelnadel, Unterlage

Bastelanleitung:

- Übertrage die Kopiervorlage der Blume auf das weiße Tonpapier und die Vorlage der Wiese auf das grüne Tonpapier.
- Schneide die Wiese aus.
- Falte den weißen Tonkarton in der Mitte zu einer Doppelkarte.
- Öffne die Karte und prickel die Innenseite der Blume und den Stängel vorsichtig aus.
- Klebe etwas buntes Transparentpapier in den Farben deiner Wahl hinter die Blume.
- Klebe etwas grünes Transparentpapier hinter den ausgeschnittenen Stängel.
- Klebe abschließend die Wiese so auf die Vorderseite der Karte, dass die Blume daraus hervorschaut.

Fertig ist die frühlingshafte Blumenkarte!

	Vorbereitung	Projekt
	10 Minuten	1 Stunde

Lernziele: Farbiges Gestalten, kreatives Gestalten (Erprobung und Anwendung verschiedener Arbeitstechniken, Kombination und Zusammenspiel unterschiedlicher Werkstoffe und Materialien, Anwendung von Farben und Farbkombinationen im eigenen Schaffens- und Gestaltungsprozess)

Frühlingshafte Blumenkarte

Du brauchst:

- 1 Blatt weißes Tonpapier (DIN A4)
- 1 grünes Tonpapier (Rest)
- Transparentpapier
- Schere
- Prickelnadel
- Prickelunterlage
- Klebstoff

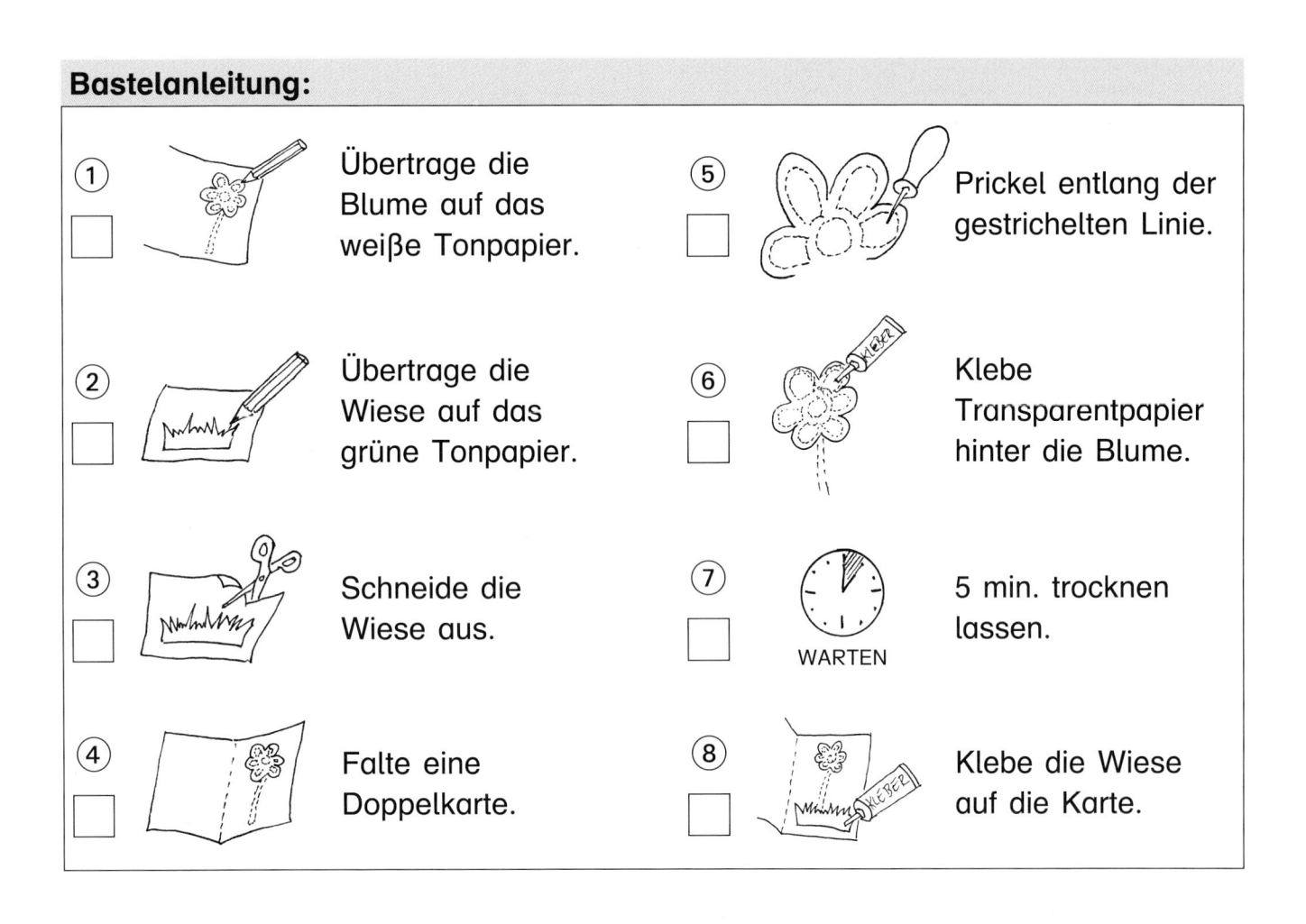

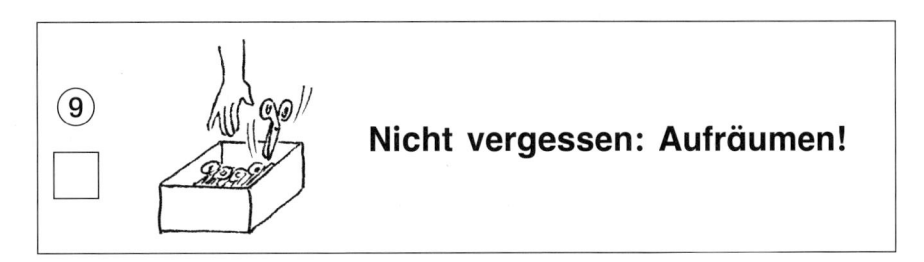

Bastelanleitung:

① Übertrage die Blume auf das weiße Tonpapier.

② Übertrage die Wiese auf das grüne Tonpapier.

③ Schneide die Wiese aus.

④ Falte eine Doppelkarte.

⑤ Prickel entlang der gestrichelten Linie.

⑥ Klebe Transparentpapier hinter die Blume.

⑦ 5 min. trocknen lassen. WARTEN

⑧ Klebe die Wiese auf die Karte.

⑨ **Nicht vergessen: Aufräumen!**

Kopiervorlage: Frühlingshafte Blumenkarte

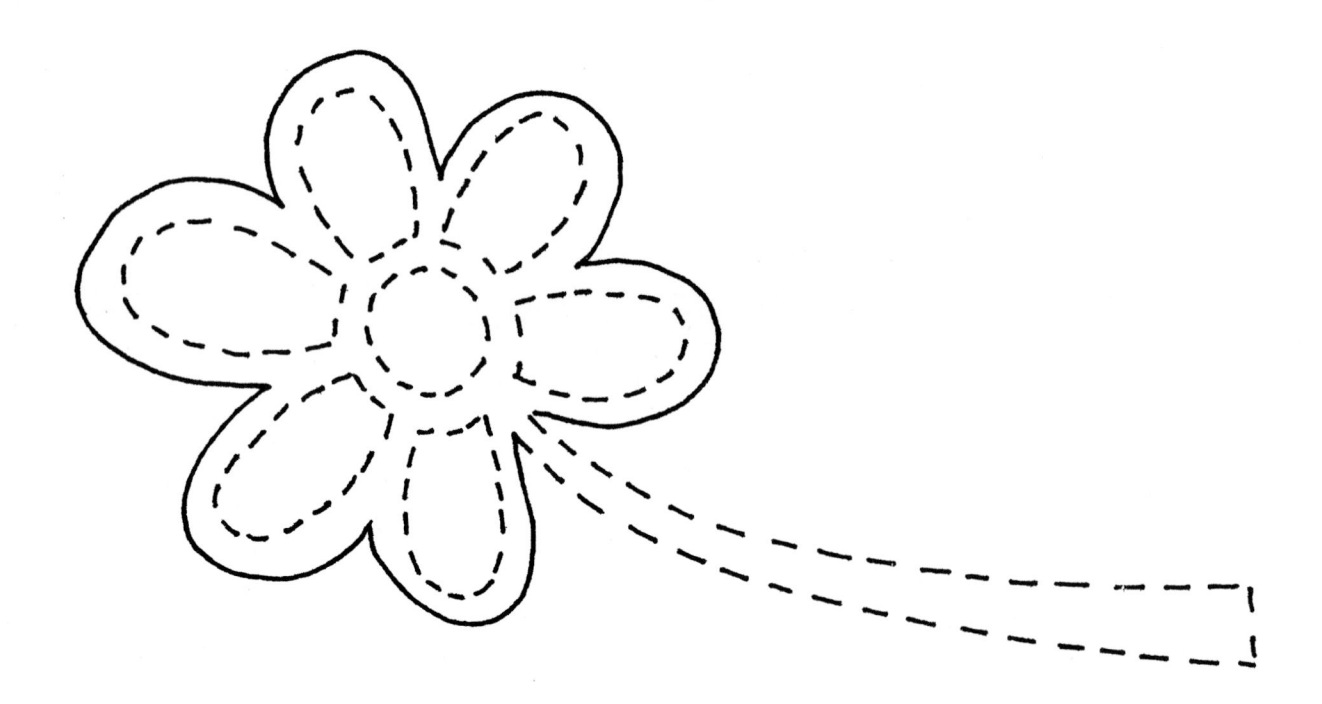

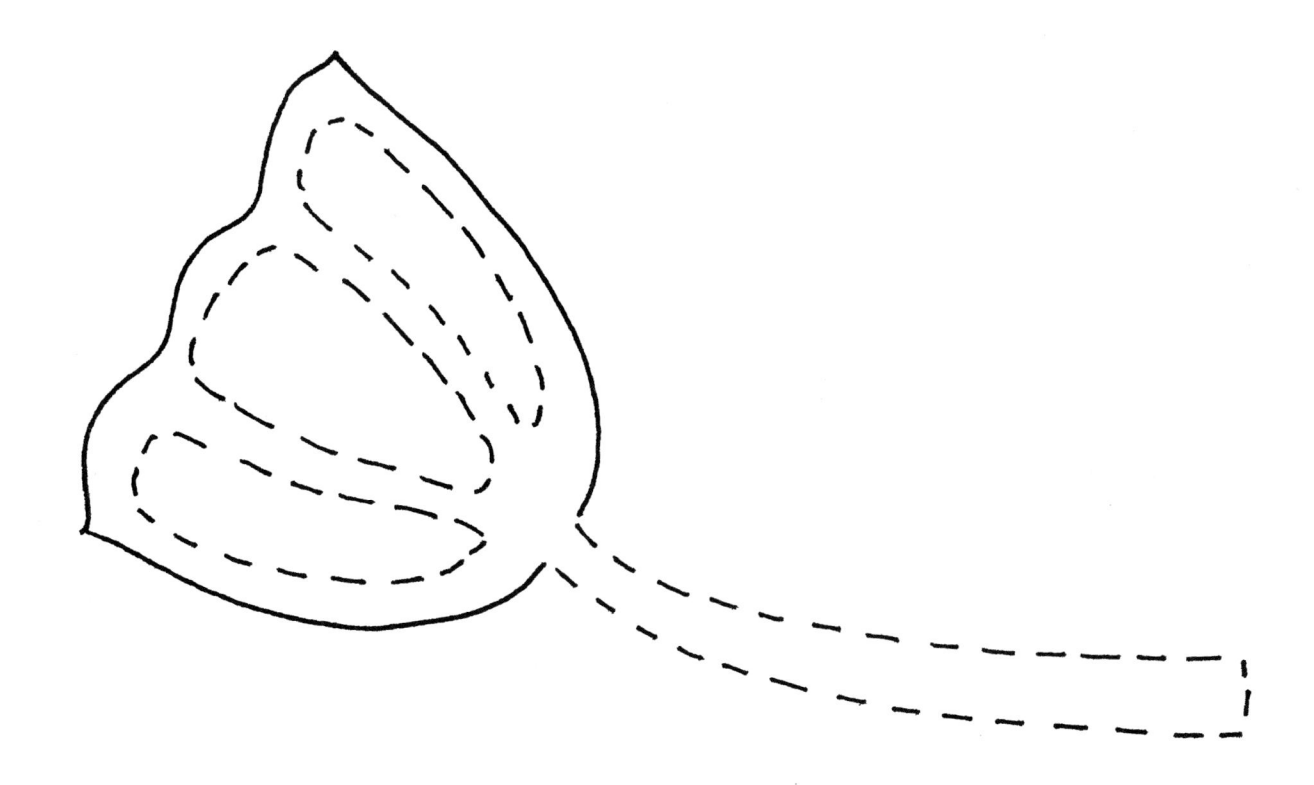

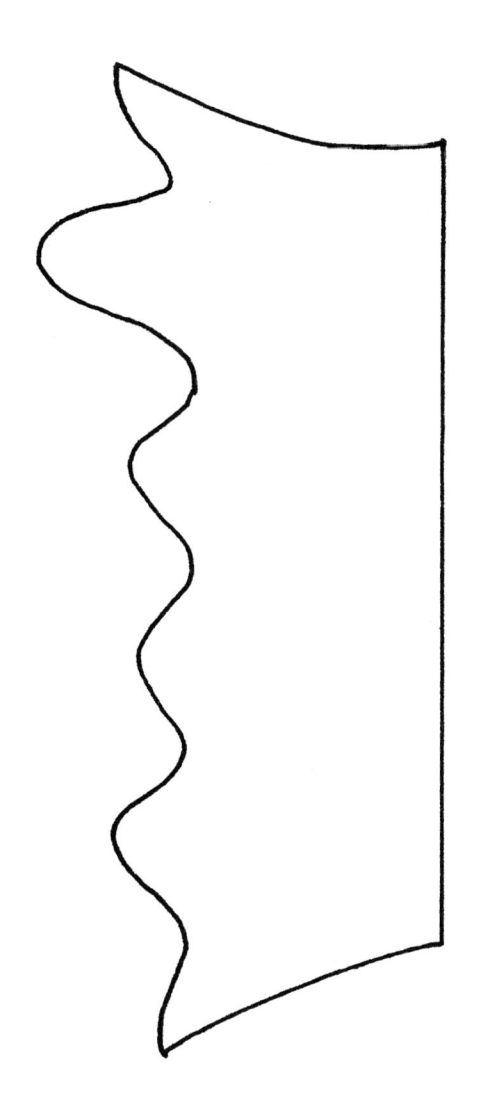

Kopiervorlage: Frühlingshafte Blumenkarte (einfache Varianten)

Jochen Schmidt: Jahreszeitliches Basteln und Gestalten – Frühling
© Persen Verlag

Marienkäferkarte

Du brauchst:

- 1 Blatt blaues Tonpapier (DIN A4)
- rotes und schwarzes Transparentpapier
- schwarzen Edding
- Klebstoff
- Prickelnadel, Unterlage

Bastelanleitung:

- Übertrage die Kopiervorlage auf den Tonkarton
- Prickel den Marienkäfer entlang der gestrichelten Linie vorsichtig aus.
- Male die Umrisse des Käfers schwarz aus.
- Klebe das rote Transparentpapier hinter die Flügel des Marienkäfers.
- Male schwarze Punkte auf das rote Transparentpapier.
- Klebe das schwarze Transparentpapier hinter den Körper, den Kopf, die Fühler und die Beine des Marienkäfers.
- Warte, bis der Klebstoff vollständig getrocknet ist.
- Klebe den Körper auf die Karte.
- Falte dann die Karte zu einer Doppelkarte.

	Vorbereitung	Projekt
L	10 Minuten	1 Stunde

Lernziele: Farbiges Gestalten, kreatives Gestalten (Erprobung und Anwendung verschiedener Arbeitstechniken, Kombination und Zusammenspiel unterschiedlicher Werkstoffe und Materialien, Anwendung von Farben und Farbkombinationen im eigenen Schaffens- und Gestaltungsprozess)

Marienkäferkarte

Du brauchst:

1 Blatt blaues Tonpapier (DIN A4)

rotes und schwarzes Transparentpapier

schwarzen Filzstift

Prickelnadel

Prickelunterlage

Klebstoff

Bastelanleitung:

① Übertrage die Kopiervorlage.

② Prickel den Marienkäfer aus.

③ Male die Umrisse des Käfers schwarz aus.

④ Klebe das rote Transparentpapier hinter die Flügel.

⑤ Male schwarze Punkte auf.

⑥ Klebe das schwarze Transparentpapier hinter den restlichen Käfer.

⑦ 5 min. trocknen lassen. WARTEN

⑧ Klebe den Käfer auf die Karte.

⑨ Falte die Karte zu einer Doppelkarte.

⑩ **Nicht vergessen: Aufräumen!**

Kopiervorlage: Marienkäferkarte

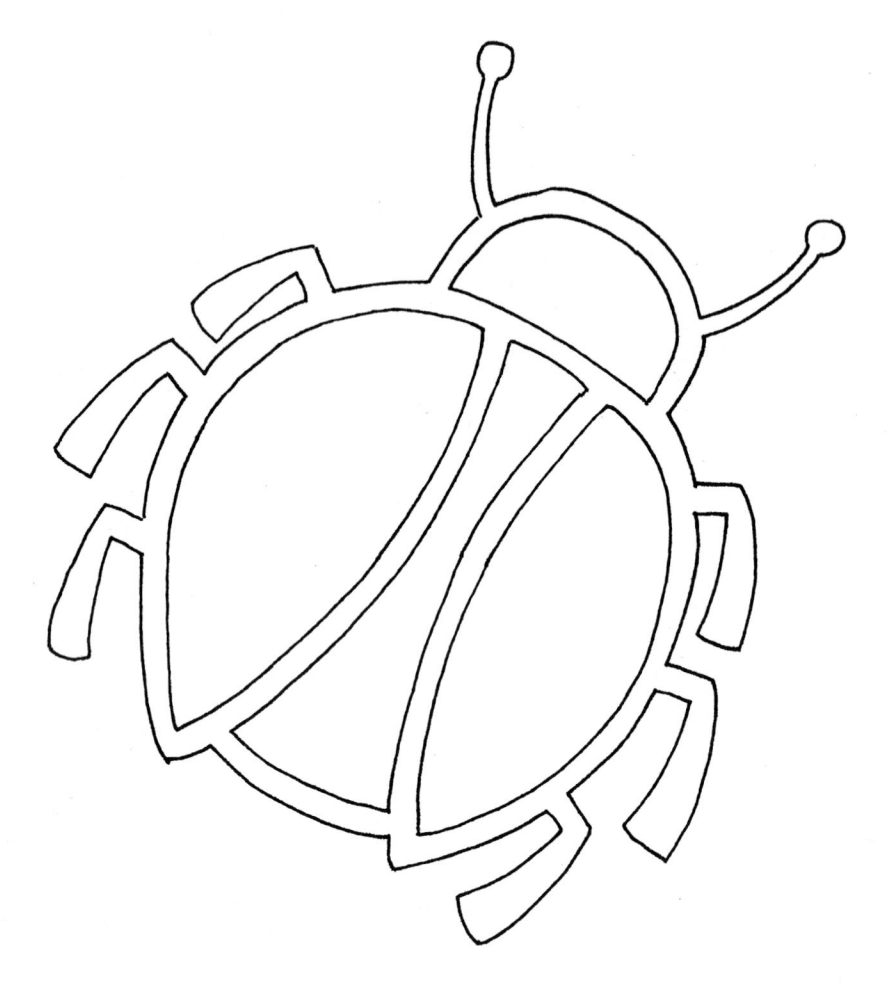

Kopiervorlage: Marienkäferkarte – Alternative

Fantasievolle Weitermalbilder

Du brauchst:

- 1 Blatt Papier (DIN A4)
- Bleistift
- Radiergummi
- farbige Buntstifte

Bastelanleitung:

- Übertrage die Kopiervorlage auf das Papier.
  (Alternativ kann der Lehrer eine Kopie für jedes Kind vorbereiten.)
- Sieh dir den Titel des Bildes an und stelle dir vor,
  was in dem Bild passieren könnte.
- Male zunächst mit Bleistift frei nach deiner Vorstellung,
  was passiert.
- Vielleicht passiert auf deinem Bild ja etwas ganz Überraschendes?
- Male deine Bleistiftzeichnung abschließend farbig an.

	Vorbereitung	**Projekt**
L	10 Minuten	1 Stunde

Lernziele: Grafisches Gestalten, farbiges Gestalten, kreatives Gestalten (Erprobung grafischer Mittel in der eigenen Bildgestaltung, Umsetzung von Fantastischem in Bildform, Darstellung von Abläufen, Beziehungen und Sachverhalten in grafisch räumlicher Form, Illustration eigener fantastischer Annahmen und Überlegungen, Einsetzen von Farben und Farbwirkung bei der Gestaltung von Bildern, im fortgeschrittenen Stadium auch zum Ausgestalten und Akzentuieren)

Hinweise: Die Weitermalbilder haben alle einen ähnlichen Bastelauftrag, daher kann die Bastelanleitung für alle fünf folgenden Weitermalbilder verwendet werden:

> „Unter der Erde, da ist was los!"
> **Mein Traumbaumhaus**
> **Blumenwiese im Frühling**
> „Was wächst da aus dem alten Schuh?"
> „Was zupft denn da?"

Alternativ zur Ausgestaltung mit farbigen Buntstiften, können die Bilder auch als Aquarelle mit dem Farbkasten farbig gestaltet werden. Dann sollte allerdings etwas schwereres Papier verwendet werden (DIN A4, mindestens 120 g) und der Zeitfaktor von einer auf zwei Schulstunden ausgeweitet werden.

Collagearbeiten sind z. B. auch bei den Bildern „Blumenwiese im Frühling", „Was wächst aus dem alten Schuh?" bzw. „Zeichne dein Traumbaumhaus!" denkbar. Auch hier wäre dann mit einem höheren Zeitkontingent zu rechnen.

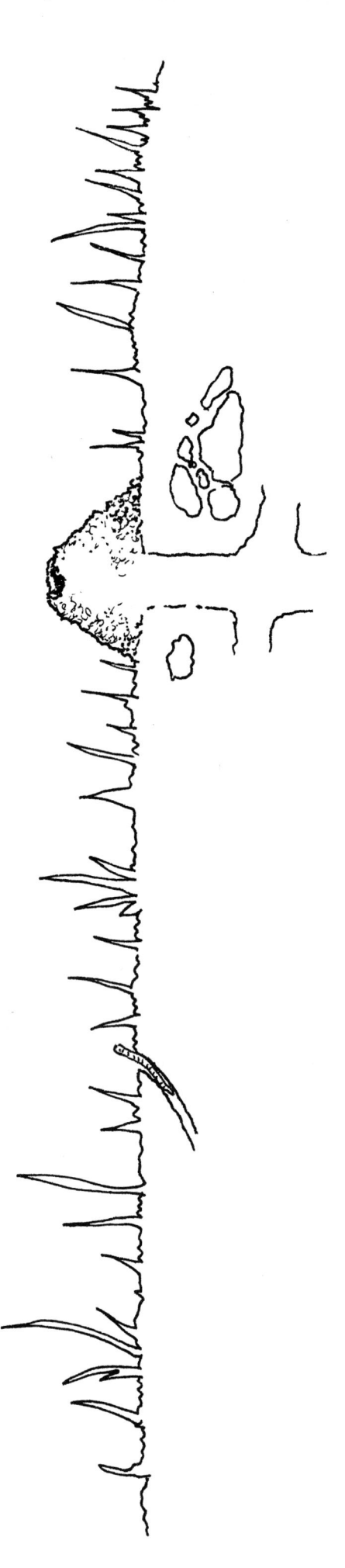

Kopiervorlage: „Unter der Erde, da ist was los!"

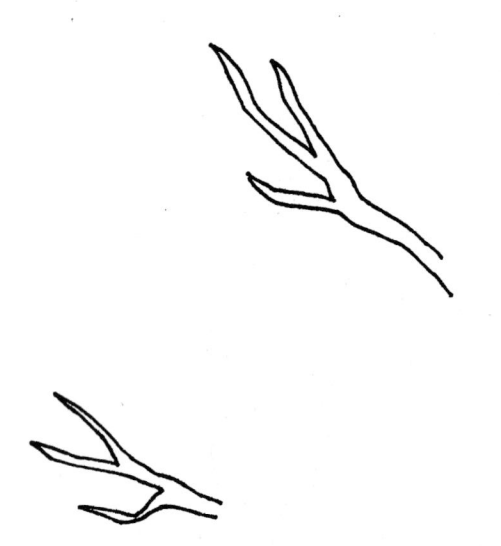

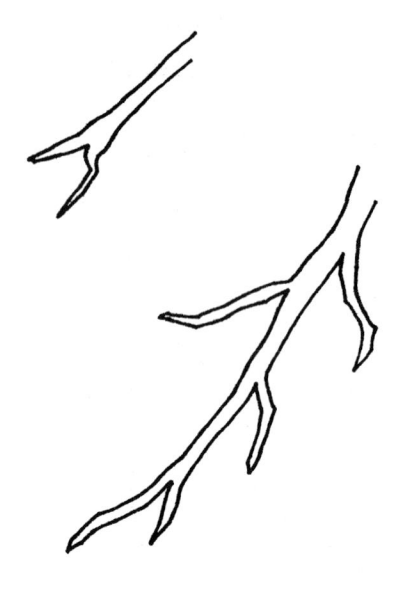

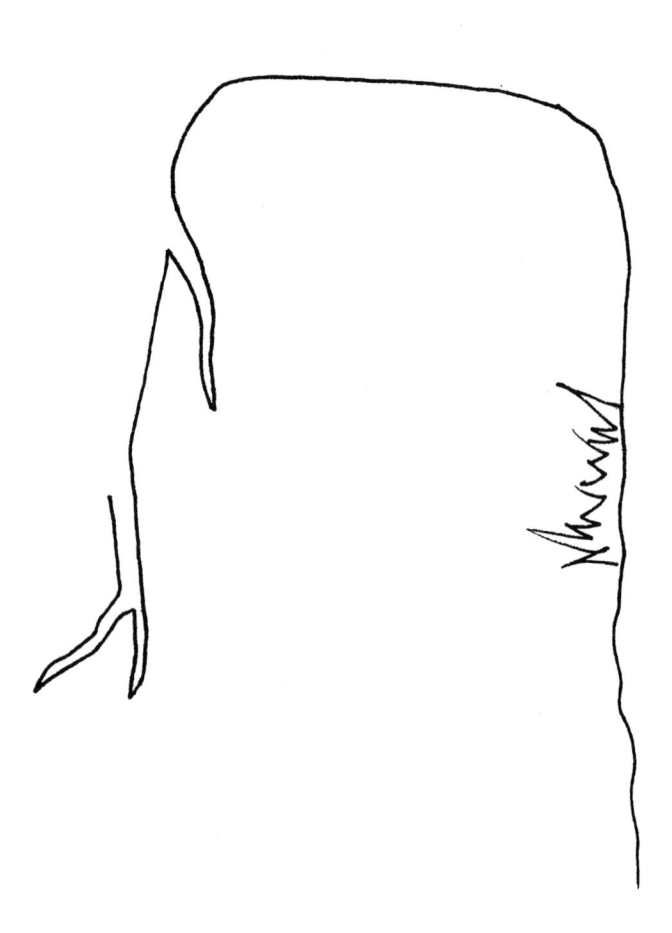

Kopiervorlage: Mein Traumbaumhaus

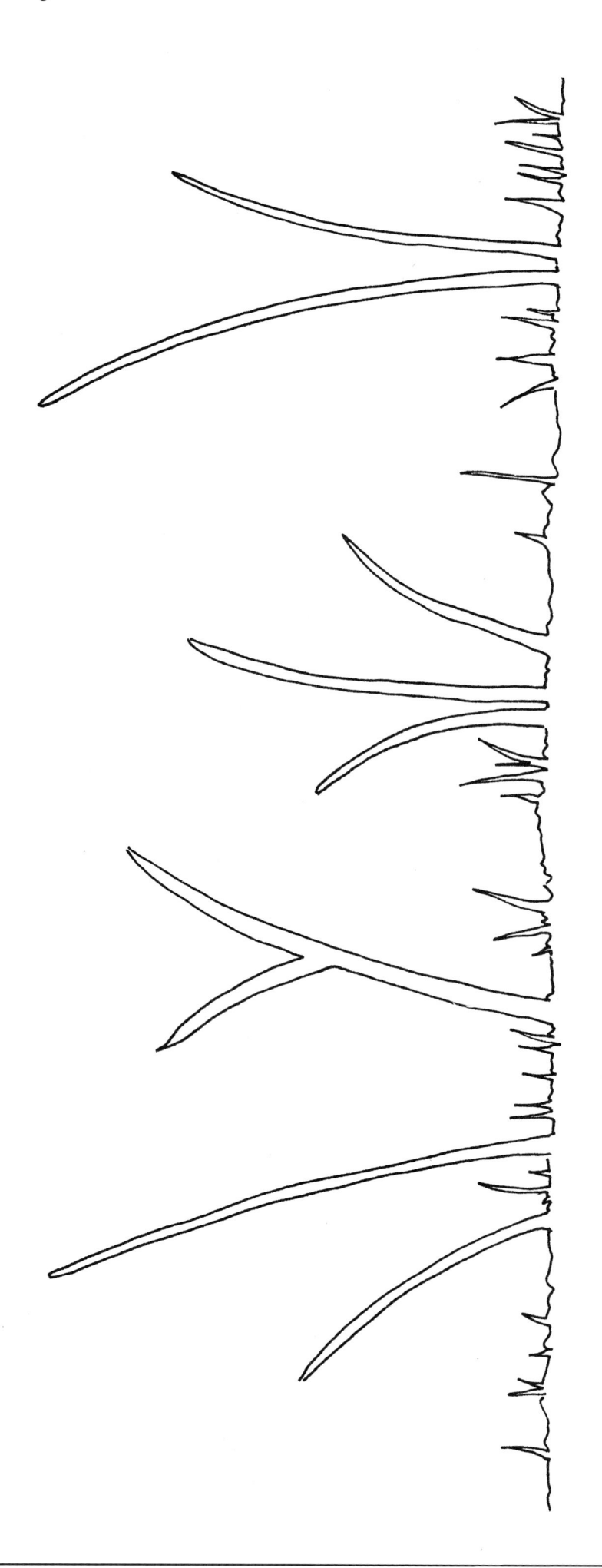

Kopiervorlage: Blumenwiese im Frühling

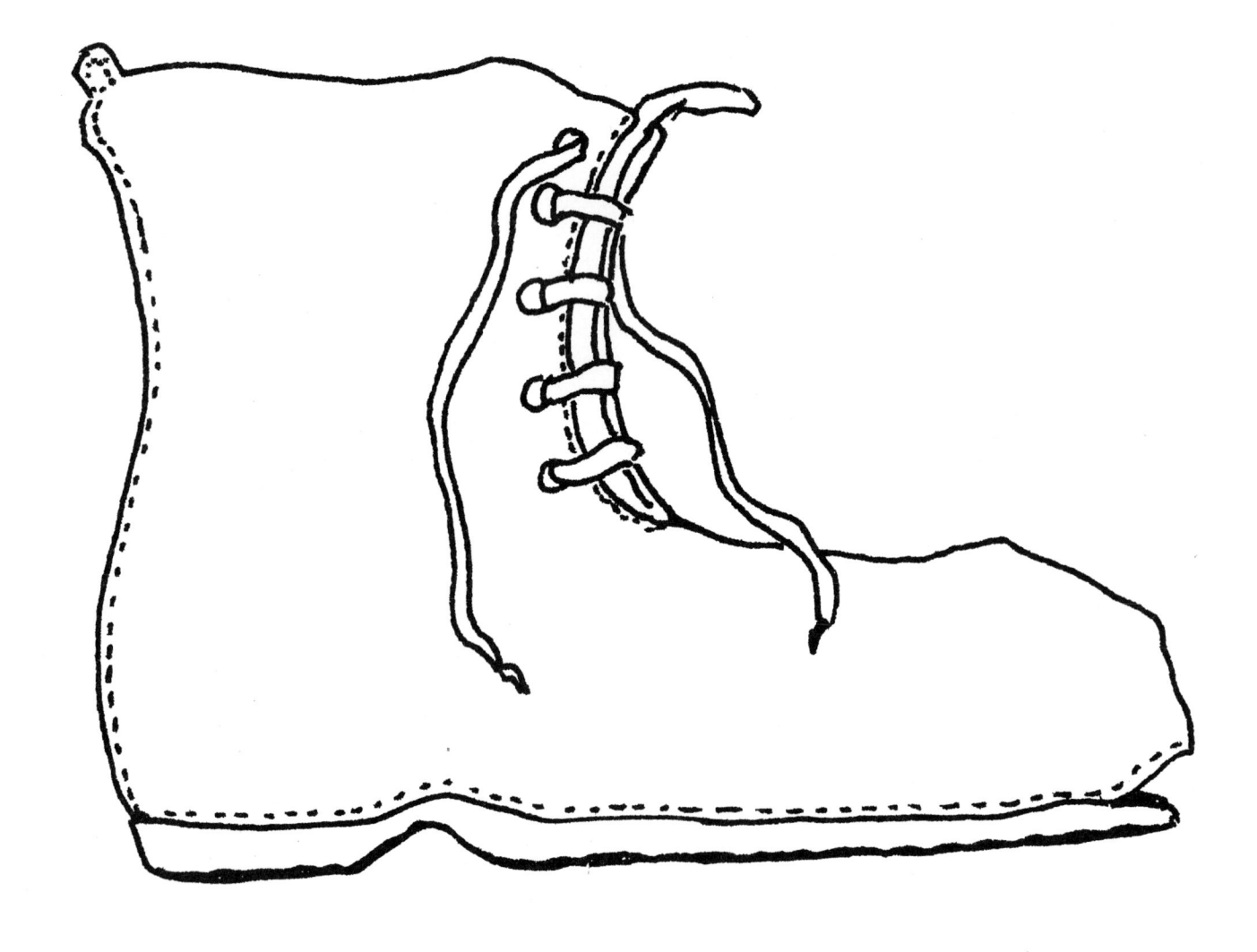

Kopiervorlage: „Was wächst da aus dem alten Schuh?"

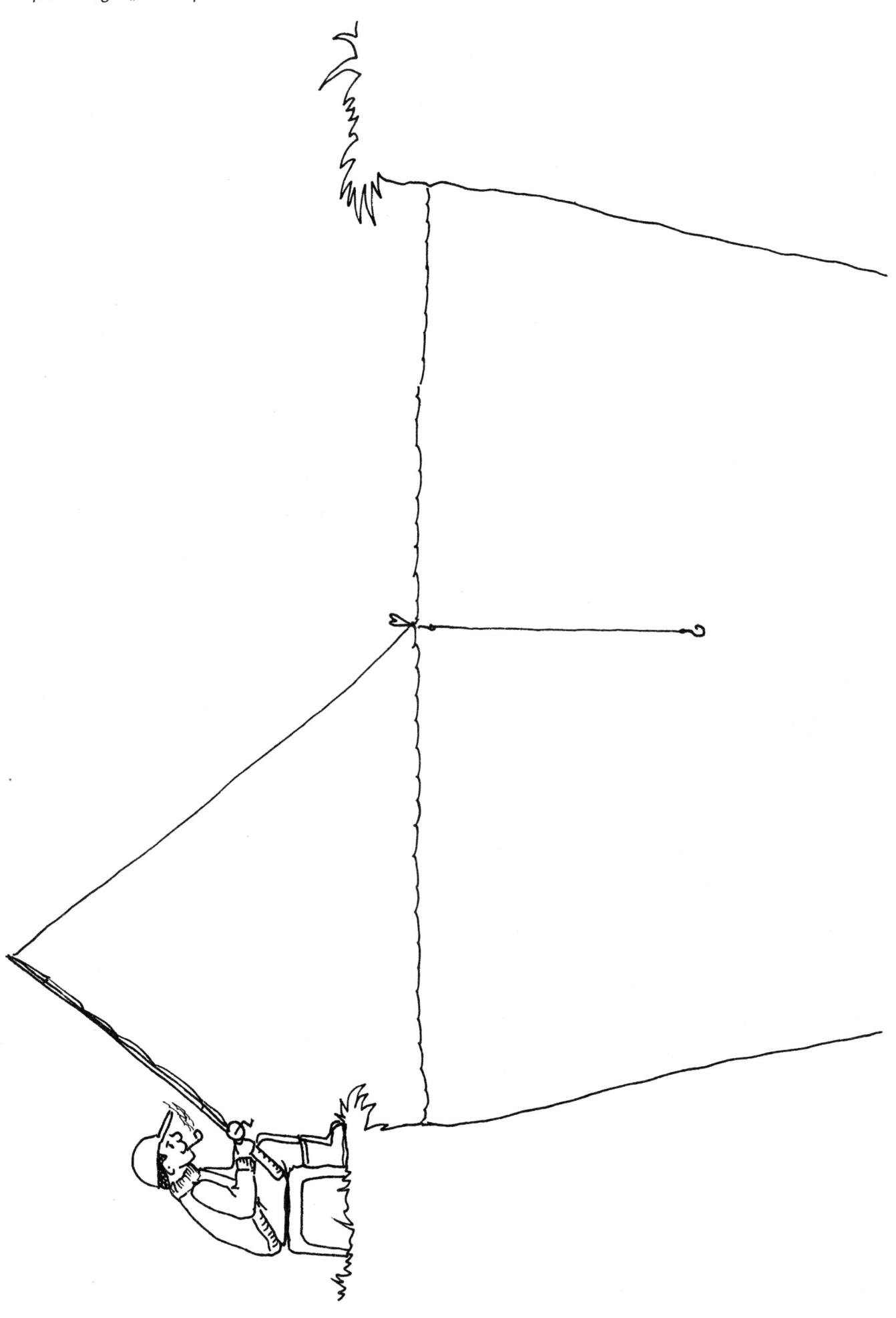

Kopiervorlage: „Was zupft denn da?"

„In den Horizont fahren" – ein Frühlingsausflug

Ein Laubbaum im Frühling

Die neue Frühjahrskollektion

Mein eigener Stempel

„Frühlingsgefühle" – Fühlkarten

Aprilwetter

Leuchtendes Osterei

„Mein dicker, fetter Glückskäfer"

Fühlingshafte Blumenkarte

Marienkäferkarte